Mein Job ist wie Kaffee:

Stark, heiß und meistens zu bitter

Über den Autor

Christian Haas (*1979) ist Einrichtungsleiter eines Kinderheims in Deutschland und bringt als Erzieher, Sozialpädagoge, systemischer Coach und Supervisor langjährige Erfahrung im sozialen Bereich mit. Mit einem geschulten Blick für zwischenmenschliche Dynamiken und einer Prise Humor begleitet er Teams und Einzelpersonen auf ihrem Weg durch die Herausforderungen des Arbeitslebens.

Mehr Informationen finden Sie unter *www.haas.coach*

Mein Job ist wie Kaffee:

Stark, heiß und meistens zu bitter

Christian Haas

Bibliografische Information der Deutschen Bibliothek
Die Deutsche Bibliothek verzeichnet diese Publikation in der Deutschen Nationalbibliografie; detaillierte bibliografische Daten sind im Internet über die Adresse http://dnb.ddb.de abrufbar.

Registerhaltig gesetzt aus der Linux Libertine
Vorlage: »La La Libertine«, *A5Libertine_v1.0.0*
Druck und Vertrieb: CreateSpace / Independently published
Autor: Christian Haas, Schmittgasse 19, 67725 Börrstadt, info@c-haas.com
Verlag: Independently published
ISBN: 9798344624358
Coverdesign: Chatgpt.com
Inteniordesign: Dall-E 3 (openai.com) / Adobe firefly / Canva.com
Layout: Johann-Christian Hanke, www.jchanke.de

Inhaltsverzeichnis

Vorwort 11
Der Kaffeeklau 13
„Das war nicht mein Müll“ - Mülleimer sind für andere da 17
Der Kampf um den Thermobecher 21
Der Powerpoint-Marathon 25
„Ich hätte es besser gemacht“ - Der Besprechungsprofi 29
„Wir reden später darüber“ - Wenn das Später nie kommt 33
Die ewige Tinte - oder ihre Abwesenheit 37
Der verschwundene Locher 41
„Das System ist abgestürzt“ - Wenn der PC mal wieder schuld ist 45
Der Wetterbericht des Schreckens 49
Der endlose Wochenendbericht 53
„Kennst du das schon?“ - Die Anekdoten-Wiederholung 57
„Oh, ich habe die E-Mail nicht gesehen“ 61
„Bin gleich wieder da“ - Wenn es auch zwei Stunden dauern kann 65
Das Phänomen der 'wichtigen Besprechung 69
„Das riecht aber gut...“ - und plötzlich ist dein Essen weg 73
„Wer hat meine Snacks gegessen?“ - Wenn es um das letzte Stück Kuchen geht 76
Mein Schreibtisch ist mein Reich 80

Kreative Dekoration oder Desaster? 85
„Hast du das schon gemacht?“ - Das ewige Pingpong-Spiel der Zuständigkeiten 89
„Das kreative Brainstorming - viele Ideen, keine Lösung“. 93
„Lass uns kurz etwas klären...“ - Der Mythos der kurzen Besprechung 97
"Wie wär's mit einem Update?" - Das Meeting über Meetings 101
„Können Sie das bitte noch einmal ausfüllen?“ - Die endlose Formularschleife 105
„Ich brauche noch eine Unterschrift“ - Der Weg des Dokuments durch die Institution 109
Die vergessene To-Do-Liste - Dinge, die immer wieder unter den Tisch fallen 112
Die Kunst, den Büroalltag zu überleben (und nicht den Verstand zu verlieren) 116
Der systemische Blick auf den Büroalltag - Warum wir die kleinen Macken (und die Menschen dahinter) brauchen . 120

„Im Büro gibt es nur drei Konstante: Meetings, die nie enden, Drucker, die nie funktionieren, und Kollegen, die immer eine Meinung haben.“

Christian Haas

Am Ende einer Arbeitswoche gleicht der Besprechungstisch einem Denkmal des Büro-Wahnsinns: halbleere Tassen, vergessene Gläser und die stille Hoffnung, dass der Kaffee wenigstens einige gute Ideen hinterlassen hat.

Vorwort

Willkommen im Büro – dem Ort, an dem sich täglich die kleinen Dramen des Alltags abspielen und der Kaffee nur selten stark genug ist, um damit klarzukommen. Dieses Buch nimmt dich mit auf eine Reise durch die kuriosen und vertrauten Facetten des Arbeitslebens, in dem jeder Kollege seine eigene Macke hat und kein Meeting ohne einen Schuss Chaos auskommt.

Von der verschwundenen Kaffeetasse, die mysteriöserweise jeden Morgen auf einem anderen Schreibtisch auftaucht, bis hin zum ewigen Kampf gegen den Drucker, der einfach nie funktioniert, wenn man ihn wirklich braucht – hier findest du alles, was den Büroalltag gleichermaßen frustrierend und liebenswert macht. Mit einem Augenzwinkern und einer Prise Humor zeigt dieses Buch, dass hinter jeder scheinbar trivialen Situation viel mehr steckt, als man auf den ersten Blick ahnt.

Wir lernen die Helden und Anti-Helden des Büros kennen: den Meeting-Profi, der es immer besser weiß, den Thermobecher-Dieb, der keinen Kaffeebecher ungenutzt lässt, und den Meister des „Später", der es schafft, jedes Problem geschickt in die Zukunft zu verschieben. In all diesen kleinen Geschichten steckt nicht nur eine gehörige Portion Humor, sondern auch eine liebevolle Beobachtung dessen, was das Arbeiten in einem Team ausmacht.

Doch das Buch geht noch einen Schritt weiter: Mit einem systemischen Blick auf die Bürostrukturen wird klar, warum diese Eigenheiten und Macken so wichtig sind und wie sie uns tatsächlich dabei helfen, den Arbeitsalltag zu überstehen. Denn manchmal brauchen wir genau diese kleinen Rituale, um im Chaos den Überblick zu behalten und die Verbindung zu den Menschen zu stärken, die uns umgeben.

Dieses Buch ist für alle, die den Wahnsinn des Büroalltags kennen und manchmal selbst Teil des seltsamen Spiels sind. Es ist ein

Plädoyer dafür, auch die absurden Momente des Arbeitslebens zu schätzen, denn sie machen den Alltag bunter, lebendiger und – ja – ein bisschen lustiger. Und wer weiß, vielleicht findest du dich selbst in der einen oder anderen Geschichte wieder und kannst das nächste Mal über die kleinen Dramen im Büro schmunzeln, statt dich zu ärgern.
Also mach es dir bequem, schnapp dir einen (hoffentlich nicht entführten) Kaffeebecher und tauche ein in die humorvolle Welt des Büroalltags. Denn am Ende haben wir alle eines gemeinsam: Wir überleben ihn – Tag für Tag. Und manchmal hilft dabei nichts so sehr wie ein gutes Lachen.

Der Kaffeeklau

Es war ein ganz normaler Montagmorgen im Büro und ich stand wie immer verschlafen vor der Kaffeemaschine.
„Guten Morgen", murmelte ich in den leeren Raum, denn um diese Zeit gleicht das Büro einer Geisterstadt - abgesehen von der Kaffeemaschine, die die ganze Zeit surrte, als würde sie sich aufwärmen, um später Heldentaten zu vollbringen.
Meine Augen fokussierten langsam meine Lieblingstasse, die an ihrem Stammplatz stand. Sie war schön, groß und - das Wichtigste - sie gehörte mir. Seit ich sie in der Mittagspause in einem kleinen, angesagten Café gekauft hatte, war sie mein treuer Begleiter. Die Aufschrift „Koffein ist kein Ersatz für Schlaf, aber eine starke Meinung" war wie ein Mantra, das mich jeden Morgen daran erinnerte, dass ich hier war, um zu arbeiten. Na ja, halbwegs.
Ich drücke auf den Knopf der Kaffeemaschine und lausche, wie der Kaffee endlich in die Tasse tröpfelt. Der Duft breitet sich aus und für einen Moment fühle ich mich fast so, als könnte ich diesen Tag meistern. Doch als der letzte Tropfen in die Tasse fällt und ich nach dem ersten Schluck greife, ist er weg. Einfach weg. Meine Tasse. Ich bin mir sicher, dass ich sie hier abgestellt habe. Oder?
Ein kurzer Anflug von Panik macht sich breit. Denn ohne diesen ersten Schluck Kaffee funktioniert mein Gehirn ungefähr so gut wie ein altes Modem, das sich ins Internet einwählen will - es rattert, es piept, aber es passiert nichts. Und dann sehe ich es. Ein schmutziges, benutztes Glas, dass jemand neben meine Kaffeemaschine gestellt hat. Eine andere Tasse, halb voll, die aussieht, als stünde sie schon seit Freitag hier. Und natürlich: Meine Tasse ist weg.
„Gut", denke ich. "Hoffentlich hat jemand eine gute Erklärung dafür. Ich schaue in die Kaffeeküche, aber niemand ist da. Ich mache mich auf den Weg ins Büro. Mein Auftrag? Herausfinden, wer der Kaffeekleptomane ist. Der Täter.

Ich betrete das Großraumbüro, und natürlich ist Hans der Erste, den ich sehe. Hans gehört zu den Kollegen, die aus dem Kaffeetrinken eine Kunstform gemacht haben. Manchmal sitzt er da, in jeder Hand eine Kaffeetasse. Wahrscheinlich hat er einen geheimen Vertrag mit einer Kaffeerösterei, aber das würde niemand zugeben. Ich gehe also auf ihn zu und sage so beiläufig wie möglich: „Guten Morgen, Hans. Schönes Wetter heute. Sag mal, hast du meine Tasse gesehen?"
Hans schaut mich an wie ein Reh im Scheinwerferlicht. „Deine Tasse? Nein. Welche meinst du?" Und dann der typische Satz: „Ich dachte, die ist für alle."
Ach ja. Das universelle Bürogesetz: Wenn etwas nicht angekettet ist, gehört es allen. Es gibt keine Ausnahme, es sei denn, jemand hat mit Filzstift draufgeschrieben: „Nimm das und du stirbst". Und selbst dann ist es kein Hindernis, sondern eine Herausforderung.
Aber das ist erst der Anfang. Denn wer seine Kaffeetasse einmal verloren hat, kann davon ausgehen, dass sie nie wieder an ihren ursprünglichen Platz zurückkehrt. Sie tritt eine Reise durch die dunklen und seltsamen Ecken des Büros an. Und so fand ich mich in den nächsten Tagen in einem seltsamen Katz-und-Maus-Spiel wieder, wie man es sonst nur aus Agentenfilmen kennt. Meine Tasse tauchte in den merkwürdigsten Situationen wieder auf. Einmal sah ich sie auf Uwes Tisch stehen, als ich einen Blick in den Besprechungsraum warf. Er starrte mich an, grinste breit und sagte: „Ich habe sie mir nur kurz ausgeliehen."
„Kurz ausgeliehen" ist ein interessanter Ausdruck, wenn man bedenkt, dass sie fast leer war. Ich forderte meine Tasse zurück, als wäre ich ein mittelalterlicher Ritter, der einen verlorenen Schatz zurückerobert. Der Kaffee war kalt, und ich hatte das Gefühl, einen kleinen Triumph errungen zu haben - bis ich zwei Tage später ins Büro kam und feststellte, dass sie wieder verschwunden war.
Diesmal lag sie auf Annas Schreibtisch. „Ich dachte, es wäre für alle", erklärte sie und zuckte mit den Schultern.
Langsam wurde mir klar, dass meine Tasse ein Eigenleben

entwickelt hatte. Sie war zum Wanderpokal des Büros geworden, und niemand wollte sie missen. Also musste ich zu drastischen Maßnahmen greifen. Am nächsten Tag schrieb ich mit einem wasserfesten Edding „Finger weg“ auf die Tasse. Dick, fett und unübersehbar. Man sollte meinen, das würde abschrecken. Aber als ich zwei Stunden später zurückkam, klebte ein Post-it darauf: „Hatte Handschuhe an. Danke für den Kaffee!“

Vom verschwundenen Kaffee zur eskalierenden Müllkrise

Manchmal fängt es mit einer verschwundenen Tasse an, und ehe man sich versieht, hat man ein ganz anderes Problem: den Müll, der sich heimlich, still und leise zu einem wahren Monster angehäuft hat. Denn wenn es um Müll geht, gibt es im Büro eine klare, unausgesprochene Regel: „Das war nicht mein Müll“. Eine Regel, die sich hartnäckig hält und den Büroalltag zu einem absurden Spiel macht, bei dem alle den Müllberg gekonnt ignorieren.

„Das war nicht mein Müll“ - Mülleimer sind für andere da

Es war ein Dienstag. Und wie jeder gute Dienstag begann er mit einem verhängnisvollen Blick in die Büroküche. Ich hatte es mir zur Gewohnheit gemacht, vor der ersten Kaffeepause einen kurzen Abstecher dorthin zu machen, um sicherzugehen, dass ich nicht auf unvorhergesehene Katastrophen stoße. Das ist nicht übertrieben - im Büro gibt es viele Risiken, aber nichts ist so unvorhersehbar wie die Küche.

Da stand ich also und sah, wie sich die Müllberge bedrohlich auftürmten. Der Papierkorb platzte aus allen Nähten, als wolle er einen Weltrekord im Altpapiersammeln aufstellen. Ich schaute mich um, aber es war niemand da, der diesen kreativen Haufen hätte bauen können. Joghurtbecher, leere Kaffeeverpackungen, zerknüllte Servietten, eine Banane, die so braun war, dass sie fast schon ein Fossil war - all das lag da, als wäre es Teil einer Ausstellung mit dem Titel „Müll und Unordnung - Ein Kunstprojekt“.

Ich warf einen vorsichtigen Blick hinein und sah, dass jemand auch die letzten Pappbecher darauf gestapelt hatte. Es sah fast elegant aus, wie alles auf dem Rand des überfüllten Papierkorbs balancierte, als hätte jemand versucht, die Schwerkraft zu überwinden. Aber die wahre Kunst bestand darin, dass niemand etwas wegräumte. Und warum? Natürlich: „Das war nicht mein Müll.“

Das Prinzip „Das war nicht mein Müll“ ist ein Phänomen, das sich durch alle Büroetagen zieht. Es ist fast wie ein unsichtbarer Vertrag zwischen allen Mitarbeitern. Es besagt: „Was ich nicht selbst verursacht habe, muss ich auch nicht wegräumen.“ Das ist ein bisschen so, als würde man sagen: „Ich habe den Schneesturm nicht bestellt, also muss ich auch nicht schaufeln.“ Das ergibt keinen Sinn, aber das ist den Beteiligten egal.

Eines Tages wollte ich es genau wissen. Also habe ich mich auf die Lauer gelegt. Keine Angst, ich habe mich nicht wirklich auf die

Lauer gelegt, das wäre zu dramatisch. Ich saß einfach an meinem Schreibtisch, aber mit dem Blick in Richtung Küche, bereit, jeden zu ertappen, der sich heimlich an den Müllbergen vorbeischlich. Und da kam er. Ben. Ben ist so ein Typ, der immer ein bisschen zu fröhlich ist. Geschickt warf er seine leere Plastikflasche in Richtung Mülleimer - und verfehlte. Die Flasche landet daneben, rollt ein Stück weiter und bleibt liegen. Ben sah sie, nickte und ging weiter. Ohne anzuhalten. Ohne sich umzusehen. Als wäre er unsichtbar.
Ich ging zu ihm und sagte: „Hey Ben, hast du das gesehen?"
Er drehte sich um, sah mich an und für einen Moment schien er zu überlegen, ob ich ihn mit etwas ganz anderem ansprach. „Was gesehen?", fragte er, als wäre es die normalste Sache der Welt.
„Na, die Flasche, die du gerade geworfen hast. Die ist nicht im Korb gelandet."
Ben blickte zurück, zuckte mit den Schultern und sagte: „Ach so, ja. Das war wohl Pech."
Pech. Fast hätte ich gelacht. Pech. Es klang, als wäre der Papierkorb plötzlich ein Wettkampf, bei dem man mal gewinnt und mal verliert. Und Ben verlor. Nächste Runde. Als würde er mit dem Papierkorb ein Duell austragen, bei dem es keinen klaren Sieger gibt.
Ein anderes Mal kam ich rein und sah Anna - ja, dieselbe Anna, die mir mal meine Kaffeetasse weggenommen hatte - direkt vor dem überquellenden Mülleimer stehen. Sie hielt eine leere Packung Milchschnitte in der Hand und sah sich um, als würde sie einen Schatz suchen. Dann öffnete sie den Schrank unter der Spüle, in dem der nächste Müllbeutel lag, nahm ihn heraus und ... stellte ihn wieder zurück. Und das Päckchen? Das legte sie oben auf den Berg und hoffte, es würde von selbst verschwinden. Ich konnte es nicht glauben.
Also stellte ich mich ihr in den Weg und fragte: „Anna, was machst du da?"
„Äh, nichts, ich wollte nur nachsehen, ob der Mülleimer... voll ist."
„Er ist voll."

„Ja... na dann." Und sie ging. Einfach so. Als ob das jetzt mein Problem wäre.
Ich weiß nicht, was passiert, wenn Menschen Müll in der Hand halten und plötzlich das Interesse daran verlieren, ihn wegzuwerfen. Es ist, als hätten sie einen unsichtbaren Schalter im Kopf, der sagt: „Das macht jemand anders." Vielleicht glauben sie wirklich, dass nachts ein kleiner Müllgeist durch die Küche huscht und alles wegräumt. Vielleicht denken sie, es gehört zur Büroausstattung wie Druckerpapier und Stifte. Es ist ein Rätsel.
Einmal hatte ich die Idee, einfach alles liegen zu lassen und zu sehen, was passiert. Eine Woche lang hat niemand aufgeräumt. Der Müllberg wuchs, bis er bedrohlich über den Eimerrand hinausragte und wackelte wie der schiefe Turm von Pisa. Dann kam der Moment der Wahrheit. Stefan aus der Buchhaltung. Stefan war immer der Erste, der sich beschwerte, wenn etwas nicht klappte. Er kam in die Küche, sah den Müllberg und drehte sich wortlos um. Keine fünf Minuten später bekam ich eine E-Mail: „Könnte bitte jemand den Müll rausbringen?"

Vom Müllberg zum Becherkrieg

Während der Müll still und heimlich wächst, findet in der Kaffeeküche ein ganz anderer Kampf statt: der um den Thermobecher. Wer denkt, dass nur der Kaffee heiß ist, sollte sich die Gesichter ansehen, wenn es um den letzten verfügbaren Becher geht. Denn der Thermobecher ist im Büro mehr als nur ein Gefäß für heißen Kaffee - er ist Statussymbol, Statement und manchmal auch Zankapfel.

Der Kampf um den Thermobecher

Kaum etwas ist im Büro so heiß umkämpft wie der Thermobecher. Nein, wirklich. Einen Goldbarren kann man auf den Tisch legen und die Leute ignorieren ihn, aber wehe, es steht ein Thermobecher ohne Deckel in der Küche - dann geht die Jagd los.

Ich erinnere mich an eine Begebenheit, die dieses Phänomen perfekt zusammenfasst. Es war Montagmorgen und ich hatte den Tag schon fast hinter mir, obwohl er gerade erst begonnen hatte. Meine Augen waren so schwer, dass sie aussahen, als hätte ich am Wochenende Schichtarbeit geleistet, und ich schleppte mich zur Kaffeemaschine, um meinen treuen Begleiter, meinen Thermobecher, zu füllen.

Doch dann sah ich es: Chaos. Die Küche war leer, aber auf der Arbeitsplatte stand ein bunter, grell leuchtender Thermobecher, umgeben von leeren Kaffeekapseln und kleinen Zuckertütchen. Es sah aus, als hätte jemand ein Festival gefeiert, und dieser Becher war der DJ. Und direkt daneben: Mein Thermobecher. Wobei... nicht mehr ganz mein Thermobecher.

Irgendjemand hatte es gewagt, einen Aufkleber darauf zu kleben. Mit „Reserviert für Benny". Ich kannte Benny. Jeder kannte Benny. Benny war der Kollege, der es irgendwie schaffte, immer genau dann aufzutauchen, wenn man den letzten Tropfen Kaffee in die Tasse geschüttet hatte, um dann grinsend zu sagen: „Kann ich noch einen haben?"

An diesem Tag hatte Benny beschlossen, sich nicht mehr auf den Zufall zu verlassen. Er klebte einfach seinen Namen auf meinen Thermobecher. Für ihn war das wohl so etwas wie die Entdeckung eines unberührten Kontinents. „Hiermit beanspruche ich diesen Becher für mich", hätte auf dem Aufkleber stehen können, wenn er nicht so klein gewesen wäre.

Ich atmete tief durch und nahm den Becher in die Hand. Natürlich wollte ich ihn zurückhaben, aber ich sagte mir: „Geh es subtil an.“ Also ging ich lässig auf Bennys Schreibtisch zu und setzte mich ihm gegenüber. Er sah aus, als wäre nichts passiert. Als wäre er kein Thermobecherpirat, der fremde Tassen plündert.
„Morgen, Benny“, sagte ich und drehte meine Tasse in seiner Hand. „Schöner Aufkleber. Neu?“ Er grinste. „Ja, ich dachte, ich markiere mal mein Revier. So bleibt es einfacher, weißt du?“ Ich grinste zurück, aber es war dieses Grinsen, das man bekommt, wenn man versucht, jemanden mit Geduld zu erdrücken. „Interessant. Du weißt, dass das meine Tasse ist, oder?“ Benny zuckte die Schultern. „Es war niemand da, als ich ihn genommen habe. Ich dachte, der wäre für alle.“
Aha. Da war sie wieder, diese magische Büroregel: „Für alle.“ Als ob Thermobecher Allgemeingut wären. Vielleicht hätten wir eine Abmachung treffen sollen, wie bei Fahrgemeinschaften: „Montags und mittwochs gehört der Becher dir, donnerstags und freitags mir und dienstags kämpfen wir um ihn.“
Aber das war nicht mein Stil. Ich entschied mich für eine andere Taktik. „Weißt du, Benny“, sagte ich langsam, „eigentlich habe ich ihn desinfiziert, weil ich neulich eine fiese Erkältung hatte.“ Er zog die Augenbrauen hoch. „Wirklich?“ „Ja, so richtig mit Schnupfen und Husten, das volle Programm. Aber hey, jetzt hast du ja den Aufkleber drauf, da hast du's ja quasi geschafft."
Für einen Moment wurde Benny etwas blass und ich konnte sehen, wie seine Fantasie in Gang kam. Plötzlich war der Thermobecher gar nicht mehr so attraktiv. „Weißt du was“, sagte er und schob ihn mir zu, „nimm ihn. Ich bleibe bei meiner Tasse. Die hat auch eine schöne Form."
Ich wusste, dass ich gewonnen hatte. Der Aufkleber landete im Papierkorb und Benny rührte seitdem keinen Thermobecher mehr an, der nicht hundertprozentig ihm gehörte. Ich hätte es mir leicht machen und ihm einfach eine Lektion erteilen können. Aber manchmal muss man kreativer sein - ein bisschen schwarzer

Humor, eine Prise Schauspielerei, und schon hat man Ruhe.
Natürlich hätte ich das Problem lösen können, indem ich einen neuen Becher gekauft hätte. Aber dann würde es wieder passieren. Benny ist nicht der einzige. Es gibt unzählige Bennys im Büro. Es sind die kleinen Siege, die zählen, und ich hatte meinen. Und jedes Mal, wenn ich meinen Thermobecher mit frischem Kaffee fülle, denke ich daran, wie ich ihn gerettet habe. Vielleicht sollte ich das als Filmidee verkaufen: „Die Rettung des Thermobechers - ein Drama in drei Akten".

Vom Thermobecher in die Präsentationshölle

Es gibt eine Sache, die einem den Kaffeegenuss im Büro ganz schnell vermiesen kann: eine PowerPoint-Präsentation. Es fängt harmlos an, mit einer Folie hier und einer Grafik da, doch ehe man sich versieht, befindet man sich in einer endlosen Schlacht aus Bulletpoints und Diagrammen, die kein Ende zu nehmen scheint. Willkommen beim PowerPoint-Marathon, dem wahren Härtetest im Büro.

Der Powerpoint-Marathon

Besprechungen sind eine faszinierende Sache. Sie beginnen meist harmlos wie ein Spaziergang im Park und enden wie ein Marathon in der Wüste - man ist erschöpft, verwirrt und fragt sich, wie man überhaupt hierhergekommen ist. Aber der wahre Alptraum beginnt erst, wenn jemand sagt: "Ich habe eine kleine PowerPoint-Präsentation vorbereitet. Da merkt man, dass der Kaffee kalt und der Wille gebrochen ist.

Es gibt einen Kollegen, nennen wir ihn Markus. Markus ist der PowerPoint-König. Das Problem ist nur, dass Markus glaubt, dass eine gute Präsentation mindestens 90 Minuten dauert und je mehr Folien, desto besser. Er glaubt fest daran, dass die Welt nur mit Diagrammen und Bullet Points zu retten ist. Vielleicht war er in einem früheren Leben Archäologe, denn jedes seiner Meetings fühlt sich an, als würde er versuchen, das Geheimnis des Pyramidenbaus zu entschlüsseln - nur mit weniger Erfolg.

Einmal saß ich in einem seiner Meetings und er begann mit der ersten Folie: „Willkommen. Schön, dass Sie da sind“. Schön, dass ich hier bin? Ich bin hier, weil ich keine Wahl habe, Markus! Aber ich ließ ihn gewähren. Vielleicht hatte er ja wirklich etwas Wichtiges zu sagen. Aber dann kam die zweite Folie. Und die dritte. Und die vierte. Es war, als würde ich eine Fernsehserie sehen, bei der man denkt: „Okay, wann kommt endlich der spannende Teil?“

Markus hatte eine besondere Fähigkeit: Er konnte eine einfache Information nehmen und sie in 20 Minuten so weit zerlegen, dass niemand mehr wusste, was sie bedeutete. Es war wie ein Zaubertrick, nur ohne Magie. Irgendwann nach der zwölften Folie begann er, Zahlen und Statistiken zu zeigen, die direkt aus einem mathematischen Paralleluniversum zu stammen schienen. Ich war versucht, ein Bingo-Spiel zu starten, bei dem man jedes Mal einen Punkt bekommt, wenn ein Fachbegriff fällt, den niemand versteht.

Aber ich hatte Angst, dass ich zu früh gewinne und das Spiel dann kaputt geht.

„Hier sehen wir die Entwicklung der Projektkurve im Vergleich zu den Budgetanpassungen der letzten Quartale", sagte er und zeigte auf ein Diagramm, das aussah, als hätte jemand ein Lineal über eine Herzkurve gezogen. Ich nickte und tat so, als würde ich verstehen, während ich innerlich betete, dass mein Handy klingeln würde und ich das Meeting verlassen müsste, weil - oh, irgendein Notfall. Ein Katzen-Notfall. In Brasilien. Ich wäre sofort losgeflogen.

Dann kam die Krönung: die Folie „Zusammenfassung der bisherigen Zusammenfassungen". Eine Folie, die es schaffte, alle vorherigen Folien zu einem gigantischen Monster zu verschmelzen, das einen anstarrte und leise flüsterte: „Kapituliere!". Ich wusste nicht, ob ich weinen oder klatschen sollte. Es war beeindruckend und erschreckend zugleich. Und das Schlimmste: Markus hatte erst die Hälfte geschafft.

In solchen Momenten frage ich mich immer, ob er wirklich glaubt, dass wir am Ende der Sitzung glücklicher und informierter sind. Als er bei Folie 37 ankam und immer noch von „wichtigen Synergien" sprach, die niemand sehen konnte, spürte ich, wie mein Geist langsam meinen Körper verließ. So muss es sich anfühlen, in eine andere Dimension abzudriften. Man hört die Worte, sieht die Bilder, aber nichts dringt nach innen.

Und dann der Höhepunkt: "Das war's vorerst. Gibt es noch Fragen?"

Es gab viele Fragen in meinem Kopf. Zum Beispiel: „Warum habe ich nicht einen anderen Beruf gewählt?" oder „Woher nimmt Markus diese Energie?" Aber vor allem: „Wird er merken, wenn ich langsam vom Stuhl rutsche und wegrolle?"

Am Ende verließen wir alle gleichzeitig das Meeting. Jeder hatte diesen leeren Blick in den Augen, als kämen wir gerade aus einem dreistündigen Blockbuster, der viel versprochen und nichts gehalten hatte. Markus klappte seinen Laptop zusammen und grinste, als hätte er uns allen das Wissen der Welt offenbart. „Das war doch aufschlussreich, oder?"

Ich wollte etwas sagen, aber es ging nicht. Ich war zu geschwächt. Stattdessen schob ich mich zur Kaffeeküche und versuchte, den kalten Kaffee in mir aufzuwärmen, während ich darüber nachdachte, wie ich verhindern könnte, beim nächsten Mal wieder in diese Falle zu tappen. Vielleicht sollte ich ein Schild basteln: „Ich bin im Urlaub, wenn du PowerPoint sagst".

Manchmal denke ich, wir brauchen so etwas wie einen Präsentationsführerschein. Nicht jeder sollte PowerPoint machen dürfen. Das ist ein gefährliches Werkzeug und gehört in die Hände von Profis. Oder zumindest von Leuten, die wissen, dass „Zusammenfassung der Zusammenfassung" kein richtiger Folientitel ist. Aber ich weiß, dass es Markus nicht aufhalten wird. Und vielleicht, ganz vielleicht, gefällt ihm einfach der Gedanke, dass ihm jemand zuhört. Auch wenn keiner versteht, worum es geht.

Von endlosen Folien zum Meeting-Besserwisser

Kaum hat man einen PowerPoint-Marathon überstanden, wartet schon die nächste Hürde: der Besserwisser. In jedem Büro gibt es ihn, den Meeting-Profi, der jede Diskussion dominiert, alles besser weiß und nie versäumt, seine Meinung kundzutun. Was wäre der Büroalltag ohne ihn? Wahrscheinlich friedlicher, aber auch um eine gehörige Portion Drama ärmer.

„Ich hätte es besser gemacht“ - Der Besprechungsprofi

In jedem Büro gibt es den einen Kollegen, der grundsätzlich glaubt, alles besser machen zu können. Egal, worum es geht - vom richtigen Halten der Kaffeetasse bis hin zur Weltpolitik - er hat eine Meinung dazu, die natürlich über jeden Zweifel erhaben ist. Und wenn dieser Kollege in einem Meeting sitzt, verwandelt sich die normale Arbeitssitzung in ein kritisches Theaterstück, bei dem nur einer Applaus verdient: der Meeting-Profi.

In unserem Büro ist das Peter. Peter ist eine wandelnde Meinungsmaschine. Egal, was du sagst, er weiß es besser. Und das lässt er dich auch gerne wissen. Wenn du zum Beispiel vorschlägst, dass wir die Kundenkommunikation verbessern sollten, sagt er Dinge wie: „Das hätte ich schon längst gemacht“. Wenn du einen Vorschlag für eine neue Projektstrategie machst, kommt sofort: „So hätte ich das nie gemacht.“

Manchmal frage ich mich, wie er das alles aushält - dieses Wissen, dass er immer Recht hat, während alle anderen es einfach nicht verstehen. Es muss ein einsames Dasein sein, immer an der Spitze der intellektuellen Nahrungskette zu stehen. Ich stelle mir vor, wie er abends nach Hause kommt, vor dem Spiegel steht und sich auf die Schulter klopft: „Gut gemacht, Peter. Wieder einmal hast du das Büro vor der Dummheit gerettet“.

Einmal saß ich in einer dieser Besprechungen, und wie immer ging es um ein Projekt, das irgendwie aus dem Ruder gelaufen war - wie eigentlich fast jedes Projekt. Wir diskutierten also eine neue

Lösung, die Kollegin Sarah vorschlug. Sarah ist eine Kollegin, die erst nachdenkt, bevor sie spricht, was im Büro ungefähr so selten ist wie ein ehrliches Lob vom Chef. Ihr Vorschlag war durchdacht und praktikabel - eine echte Seltenheit.

Doch noch bevor Sarah ausreden konnte, hieß es: „Also, ich hätte es anders gemacht.“ Peter. Natürlich. Er lehnte sich zurück,

verschränkte die Arme und gab uns diesen Blick, der sagt: „Seht, wie großartig ich bin."
„Ach ja? Und wie genau?" fragte Sarah, die offensichtlich versuchte, ihre Geduld zusammenzuhalten wie einen zerbrechlichen Stapel Teller auf einem rutschigen Tablett.
Peter grinste. „Nun, ich hätte von Anfang an die Kommunikation optimiert. Und ich hätte das Team aufgeteilt. Außerdem wäre ich proaktiv auf die Kunden zugegangen und hätte die Erwartungen angepasst."
Es war dieser Moment, in dem man weiß, dass er eigentlich nichts gesagt hat, aber trotzdem so tut, als hätte er gerade das Geheimnis des Universums gelüftet. Alle nicken geistesabwesend, als wäre Peters Weisheit eine Art Hypnose, der man nicht entkommen kann. Ich hingegen starrte auf meine Notizen und dachte nur: „Proaktive Kommunikation? Erwartungshaltung? Meint er das ernst?"
Peter redete weiter, während ich versuchte, nicht vor Langeweile in die Tischplatte zu beißen. „Man muss immer auf die Dynamik achten", erklärte er in einem Ton, als hätte er den Begriff „Dynamik" selbst erfunden. „Und dann nehme ich das Ergebnis vorweg."
Das Ergebnis vorwegnehmen. Das war der Moment, in dem ich fast laut gelacht hätte. Nicht wegen des Satzes, sondern wegen Peters Gesichtsausdruck dabei. Er sah aus, als hätte er gerade die Relativitätstheorie neu erfunden, nur mit mehr Buzzwords. „Ich nehme das Ergebnis vorweg", sagte ich leise zu mir selbst. „Das werde ich mir merken."
Nach der Sitzung kam Peter natürlich zu mir. Er ist der Typ, der dir nach einem Meeting unbedingt noch einmal seine unendliche Weisheit unter die Nase reiben muss. „Was meinst du?", fragte er und zwinkerte mir zu, als wären wir die zwei coolsten Typen im Raum.
„Nun", sagte ich langsam, „ich glaube, du hast das Ergebnis wirklich gut vorausgesehen."

Er lachte, offensichtlich in dem Glauben, dass ich es ernst meinte. „Ich weiß", sagte er und klopfte mir auf die Schulter. „Das kommt mit der Erfahrung."
Natürlich, Erfahrung. Denn die ist der Schlüssel zu allem. Und Peter hatte mehr Erfahrung im „Besserwissen" als jeder andere.
Manchmal frage ich mich, ob er zu Hause so eine Art Besserwisser-Spiegel hat, in dem er sich jeden Tag anlächelt und sich für seine Genialität lobt. Wahrscheinlich hängt dort auch eine Medaille, auf der steht: „Für besondere Leistungen im Antizipieren von Ergebnissen".
Inzwischen habe ich gelernt, dass es keinen Sinn hat, sich gegen Peter zu wehren. Er wird immer die Oberhand behalten - zumindest in seiner kleinen Welt, in der er alles und jeden übertrumpft. Also nicke ich einfach, lächle und sage ab und zu Dinge wie: „Das hätte ich nicht besser sagen können". Denn tief in meinem Inneren weiß ich: Peter wird sich nie ändern. Und das Beste, was ich tun kann, ist, ihn auf seinem Thron der Besserwisserei sitzen zu lassen, während ich mich insgeheim frage, ob er irgendwann merkt, dass ihm keiner von uns wirklich zuhört.

Vom Besprechungsprofi zum endlosen Aufschieber

Während in Meetings einer ständig alles besser weiß, gibt es auch das genaue Gegenteil: den Meister des Aufschiebens. "Das besprechen wir später", lautet sein Mantra, und wer glaubt, dass aus später irgendwann heute wird, hat die Rechnung ohne ihn gemacht. Willkommen im Land der ewigen Prokrastination, wo jedes Problem geschickt in die Zukunft verschoben wird - eine Zukunft, die nie wirklich kommt.

„Wir reden später darüber“ - Wenn das Später nie kommt

Es gibt ein universelles Gesetz im Büro: „Später“ ist der magische Zeitpunkt, an dem sich alle Probleme in Luft auflösen. Zumindest glauben das manche Kollegen. „Das können wir später besprechen“ ist der Satz, der einem vorgaukelt, dass alles in Ordnung ist, obwohl man innerlich weiß: Das wird nie passieren. „Später“ ist der Ort, an dem Gespräche sterben und To-Do-Listen verrotten.

Nehmen wir meinen Kollegen Thomas. Thomas ist ein Meister der Prokrastination. Wäre Aufschieben eine olympische Disziplin, hätte er locker Gold geholt - und das Finale wäre trotzdem verschoben worden. Ich habe nie verstanden, wie er es schafft, in jedem Meeting genau den Punkt zu finden, der „später“ besprochen werden muss. Es ist fast so, als hätte er einen inneren Alarm, der ihn warnt: „Oh nein, jetzt wird es konkret! Raus hier, sofort!“

Ich erinnere mich an ein Projekttreffen, bei dem es um die Planung einer wichtigen Veranstaltung ging. Es war eines dieser Meetings, bei denen man eigentlich dachte: „Diesmal schaffen wir es, wir machen klare Pläne und alles läuft reibungslos.“ Das war natürlich ein Trugschluss. Es begann ganz harmlos. Jeder hatte seine Notizen, die Präsentation war vorbereitet, und ich dachte: „Okay, das schaffen wir.“

Doch dann, kaum lag der erste Planungsansatz auf dem Tisch, passierte es. Thomas hob die Hand und sagte: „Das klingt ja alles sehr gut, aber sollten wir das nicht lieber später besprechen?“

„Später?“, wiederholte ich und hoffte, mich verhört zu haben. „Warum später?“ „Na ja“, sagte er und zuckte mit den Schultern, „das Thema ist doch ziemlich komplex, oder? Wir sollten uns dafür später Zeit nehmen.“

Komplex. Das war sein Lieblingswort. Komplex, also lieber später. „Aber Thomas“, sagte ich mit einem gequälten Lächeln, „dafür ist

die Sitzung doch da." „Schon klar", sagte er, „aber ich glaube, später wäre besser. Vielleicht nächste Woche?"
Nächste Woche? Wir wussten alle, was das bedeutete. Das Projekt war für übermorgen angesetzt, und Thomas wollte es schaffen, dass wir bis dahin nichts geregelt hatten. Das war eine beeindruckende Fähigkeit. Ich meine, jeder kann Dinge aufschieben, aber Thomas tat es mit einer solchen Präzision, dass es fast ein Kunstwerk war.
Und so verging die Zeit, während Thomas uns immer wieder in die nebulöse Welt des „Später" entführte. Jedes Mal, wenn jemand ein Problem zur Sprache brachte, kam sein magischer Satz: „Gute Frage, das sollten wir später besprechen". Es war wie ein Schwert, das jede Diskussion in der Mitte durchtrennte, bevor sie überhaupt beginnen konnte. Nach einer Weile saßen wir alle nur noch da und warteten darauf, dass das Treffen irgendwann von selbst zu Ende gehen würde. Doch Thomas war noch nicht fertig.
„Vielleicht sollten wir das Meeting vertagen und stattdessen eine E-Mail-Runde machen", schlug er vor. Das war die ultimative Eskalation des „später". Denn was er wirklich meinte, war: „Lasst uns die Verantwortung so weit weg schieben, dass wir uns nicht mehr daran erinnern, dass es unsere war."
Natürlich hatten wir das alle durchschaut, aber es gibt Momente, in denen man einfach keine Kraft mehr hat, dagegen anzukämpfen. Und so stimmten wir nickend zu. "Ja, das machen wir später", sagten wir und dachten insgeheim: "Lass es jetzt lieber."
Das Komische ist, dass Thomas nie direkt sagt, dass er nichts machen will. Er macht Vorschläge, die so vernünftig klingen, dass man fast glaubt, er sei der Einzige, der den Überblick hat. „Warum jetzt alles regeln, wenn es später viel entspannter geht?" Das ist fast poetisch, wenn man bedenkt, dass „später" letztlich nichts anderes bedeutet als „nie".
Ich erinnere mich, wie ich einmal mit Thomas allein in der Kaffeeküche saß und sagte: „Thomas, weißt du, irgendwann muss später auch heute sein". Er lächelte mich an, als hätte ich gerade etwas

unglaublich Naives gesagt. „Nein", sagte er, „später ist genau dann, wenn die Dinge bereit sind, geschehen zu lassen". Und in diesem Moment wurde mir klar: Für ihn war „später" keine Ausrede, sondern eine Philosophie. Eine Art Zen für Bürokraten.
Inzwischen habe ich es aufgegeben, ihn davon zu überzeugen, dass wir die Dinge jetzt besprechen können. Ich weiß, dass es keinen Sinn hat. Manchmal sitze ich in einer Sitzung und beobachte, wie Thomas „später" vor sich hin murmelt, und ich kann nicht anders, als ein wenig Bewunderung für ihn zu empfinden. Er hat etwas geschafft, wovon viele träumen: Er hat die Kunst des Aufschiebens perfektioniert und daraus eine Lebenseinstellung gemacht. Und vielleicht, ganz vielleicht, werden wir eines Tages alle verstehen, was er damit wirklich gemeint hat. Wahrscheinlich aber nicht.
Darüber reden wir später.

Von der Prokrastination zur Druckkatastrophe

Während die einen alles auf die lange Bank schieben, gibt es im Büro eine Sache, die nie wartet: der Drucker. Schon gar nicht, wenn man ihn dringend braucht. Fast scheint es, als hätte der Drucker einen sechsten Sinn dafür, genau dann auszufallen, wenn die Zeit drängt und das Projekt noch gedruckt werden muss. Tinte leer, Papierstau oder einfach nichts - der Drucker ist das lebende Symbol für die kleinen Dramen, die den Büroalltag so nervenaufreibend machen.

Die ewige Tinte - oder ihre Abwesenheit

Man sagt, die größten Erfindungen der Menschheit seien das Rad, das Feuer und die Kaffeemaschine. Ich möchte noch etwas hinzufügen: den Drucker. Nicht weil er so großartig ist, sondern weil er uns zeigt, was wahre Geduld ist. Denn nichts verbindet die Menschen im Büro so sehr wie der gemeinsame Hass auf den Drucker. Und wenn es eine Sache gibt, die ihn endgültig in die Kategorie „unlösbare Probleme" befördert, dann ist es die Tinte. Oder besser: der Mangel an Tinte.

Egal, wie oft man die Patronen wechselt, irgendwann kommt der Tag, an dem man dringend ein Dokument ausdrucken muss - und der Drucker sagt: „Nö". An einem besonders hektischen Dienstagmorgen stand ich also vor dem Gerät und starrte auf das kleine Display, das mir wie immer entgegenschrie: „Tinte leer".

Natürlich war es dringend. Es ist ja nicht so, dass der Drucker streikt, wenn man nur ein paar unwichtige Notizen ausdrucken will. Nein, er streikt immer dann, wenn es wirklich darauf ankommt. Ich hatte einen ganzen Stapel zu unterzeichnende Papiere, und der Drucker sah mich an, als hätte ich ihn persönlich beleidigt.

Ich tat, was jeder normale Mensch in so einer Situation tun würde: Ich drückte den OK-Knopf. Natürlich passierte nichts. Also drückte ich ihn noch einmal, ein bisschen fester, als ob ich den Drucker damit überreden könnte, plötzlich neue Tinte zu zaubern. Aber der Drucker blieb unbeeindruckt. „Tinte leer." Ich hatte das Gefühl, mit einer Wand zu diskutieren. Einer besonders störrischen Wand.

Plötzlich tauchte Helga, unsere Büroleiterin, neben mir auf. Helga gehört zu den Menschen, die alles im Griff haben. Wenn Helga einen Raum betritt, ordnen sich die Papiere wie von selbst und die Kaffeemaschine läuft plötzlich doppelt so schnell. Sie schaut auf den blinkenden Bildschirm des Druckers, seufzt und fragt: "Schon wieder?

„Ja“, antwortete ich. „Schon wieder.“ Es war fast so, als wäre der Drucker unser gemeinsamer Feind und wir müssten uns verbünden, um ihn zu besiegen.
Helga verschwand kurz und kam mit einer neuen Patrone zurück. „Es wird nicht lange dauern“, sagte sie, und ich war geneigt, ihr zu glauben. Wie schwer kann es sein, eine Druckerpatrone zu wechseln? Doch kaum hatte sie die neue Patrone eingesetzt, zeigte der Drucker stolz an: „Falsche Patrone. Bitte Modell prüfen“.
Ich schaute Helga an und sie schaute mich an. Wir sagten nichts, aber ich wusste, dass wir beide das Gleiche dachten: Dieser Drucker würde uns noch in den Wahnsinn treiben. „Vielleicht sollten wir ihn einfach ignorieren“, schlug ich vor. „So tun, als gäbe es ihn nicht.“
„Wenn das nur so einfach wäre“, sagte Helga. „Aber ich habe diesen Drucker gekauft, und jetzt muss ich wohl oder übel mit ihm leben.“
In diesem Augenblick kam Thomas vorbei. Thomas, der König des „später“ und Meister der Ausreden. „Ach, Probleme mit dem Drucker?“ fragte er und grinste, als wäre das der lustigste Witz des Tages. „Macht nichts, wir können es später drucken.“
„Nein, Thomas“, sagte ich und versuchte ruhig zu bleiben. „Wir müssen das jetzt drucken. Nicht später.“
Aber Thomas zuckte nur mit den Schultern und verschwand. Er ließ sich nicht aus der Ruhe bringen. Im Gegensatz zu mir. Ich war kurz davor, die Patrone in die Hand zu nehmen und sie direkt in den Drucker zu stecken. Aber dann kam Helga auf die Idee, das Handbuch zu lesen. Eine schreckliche Idee.
Die Anleitung war ungefähr so hilfreich wie ein Stadtplan aus dem Jahr 1800. Sie erklärte in kryptischen Sätzen, wie man die Patrone einlegt, und am Ende stand: „Wenn das Problem weiterhin besteht, wenden Sie sich an den technischen Support.“ Ja, klar. Der technische Support. Der Ort, an dem Probleme dazu verdammt sind, darauf zu warten, dass sie irgendwann von selbst verschwinden.
Helga gab schließlich auf und ging, um den technischen Support

anzurufen. Ich blieb zurück und starrte den Drucker an, der immer noch hartnäckig verkündete: „Falsche Patrone". Als hätte er Spaß daran, uns zu ärgern.
Nach einer gefühlten Ewigkeit kam endlich der Techniker. Ein junger Kerl, der aussah, als hätte er gerade das Tutorial „Wie man professionell gelangweilt aussieht" abgeschlossen. Er drückte ein paar Knöpfe, drehte an der Patrone und - voilà - der Drucker funktionierte plötzlich wieder.
„Was war das Problem?" fragte ich halb fasziniert, halb misstrauisch. „Nichts Großes", sagte der Techniker, „die Patrone war nur falsch eingesetzt." Ich sah Helga an, und sie sah mich an. Wir hätten beide schwören können, alles richtig gemacht zu haben. Aber anscheinend hatte der Drucker das letzte Wort.
„Vielleicht sollten wir ihm einen Namen geben", schlug ich vor. „Dann können wir ihn wenigstens persönlich verfluchen, wenn er wieder nicht funktioniert."
Helga grinste. "Wie wäre es mit Herbert?"
„Herbert, der Höllendrucker", sagte ich. „Das klingt passend." Und so war Herbert geboren. Seitdem nenne ich ihn immer so, wenn er wieder streikt. Vielleicht denkt er dann, ich rede mit ihm wie mit einem Haustier, und vielleicht - ganz vielleicht - funktioniert er dann besser. Wahrscheinlich aber auch nicht. Denn so ist das mit Herbert. Man weiß nie, was man kriegt. Außer, dass die Tinte wahrscheinlich leer ist.

Vom Meeting-Chaos zur Büro-Sabotage

Man könnte meinen, dass nach einer endlosen Reihe von Meetings, die vor allem eines gemeinsam haben - nämlich keine Entscheidungen - der härteste Teil des Arbeitstages überstanden ist. Doch weit gefehlt. Denn das eigentliche Abenteuer beginnt erst, wenn man den Sitzungssaal verlässt und sich zurück an den Schreibtisch kämpft. Dort wartet die nächste Herausforderung: der tägliche Kampf mit der Technik.
Vielleicht hast du gedacht, dass es nichts Schlimmeres gibt, als

einem Meeting-Profi wie Peter dabei zuzuhören, wie er eine Projektidee zerpflückt, die sowieso keiner versteht. Aber dann erinnert dich der blinkende Drucker daran, dass es noch schlimmer kommen kann. Es sind die kleinen Alltagsgeräte, die den Bürowahnsinn auf eine ganz neue Ebene heben. Sie sind leise, sie sind unscheinbar und sie warten nur darauf, dir das Leben mit aller Macht schwer zu machen.

Willkommen in der Welt der Büro-Sabotage. Wo Drucker nie drucken, Akten sich in Luft auflösen und jeder noch so kleine Kabelsalat dafür sorgt, dass du dich an einem Dienstagmorgen plötzlich wie MacGyver fühlst. Lass uns in die Geschichten eintauchen, die zeigen, dass der Feind nicht immer im Meeting sitzt - manchmal sitzt er direkt neben deinem Schreibtisch.

Der verschwundene Locher

Es gibt Dinge im Büro, die sind wie das kleine 1x1 der Büroausstattung. Sie stehen auf jedem Schreibtisch, gehören einfach dazu, und niemand denkt groß darüber nach - bis sie verschwinden. Der Locher ist so ein Ding. Man braucht ihn vielleicht nicht jeden Tag, aber wenn, dann sofort. Und natürlich findet man ihn gerade dann nicht, wenn man ihn am dringendsten braucht.

Ich erinnere mich, wie ich eines Morgens meinen Schreibtisch aufgeräumt habe - ja, das kommt manchmal vor - und alles schön sortiert hatte. Die Stifte lagen ordentlich in ihren Haltern, die Notizblöcke gestapelt und die Büroklammern in einem eigens dafür vorgesehenen Schälchen. Doch als ich den Locher an seinen Platz zurücklegen wollte, war er weg. Einfach weg.

Zuerst dachte ich, ich hätte ihn irgendwo in der Schublade vergraben. Also begann ich zu suchen. Zog Papiere heraus, wühlte in alten Notizen, fand sogar eine Packung Kaugummi, die ich längst vergessen hatte - aber keinen Locher. „Na gut", dachte ich, „vielleicht hat ihn jemand ausgeliehen". Aber warum sollte sich jemand einen Locher ausleihen und ihn nicht zurückbringen? Wir sind doch erwachsene Menschen, dachte ich.

Also machte ich mich auf die Suche. Zuerst ging ich in die Kaffeeküche, weil ich dort meistens jemanden treffe, der eine Ahnung davon hat, was im Büro vor sich geht. Und richtig, da stand Julia, und Julia weiß alles. Ich fragte sie, ob sie vielleicht meinen Locher gesehen hätte.

„Deinen Locher?" fragte sie und sah mich an, als hätte ich nach einem Ufo gefragt. „Warum sollte ich deinen Locher haben?" „Na ja, ich dachte vielleicht...", begann ich, aber sie unterbrach mich. „Frag doch mal Thomas. Der hat gestern was von 'Locher' erzählt."

Natürlich. Thomas. Wer sonst. Wahrscheinlich hatte er den Locher mitgenommen, um später damit zu lochen. Er ist der einzige

Mensch, den ich kenne, der Locher als etwas betrachtet, das man verschieben kann. Ich ging also zu Thomas' Schreibtisch, der aussah, als hätte ein Sturm darin gewütet. Aber der Locher war nicht zu sehen.
„Thomas", sagte ich direkt, „hast du meinen Locher?" Er sah mich an, als hätte ich ihn gefragt, ob ich mir seine Kindheitserinnerungen ausleihen könnte. „Deinen was?" „Meinen Locher", wiederholte ich, diesmal etwas lauter. „Ach so", sagte er und zuckte mit den Schultern, „nein, den habe ich nicht. Aber vielleicht hat Markus ihn? Den hab' ich vorhin hier gesehen.
Markus also. Der PowerPoint-Profi, der jedes Meeting in die Länge zieht. Ausgerechnet er. Ich dachte an all die Folien, die er schon mit seinem Locher gelocht haben könnte, und mir wurde leicht schwindelig. Also machte ich mich auf den Weg zu Markus' Schreibtisch, wo er natürlich gerade die nächste Präsentation vorbereitete. „Markus", begann ich, „bitte sag mir, dass du meinen Locher hast." Er blickte kurz auf und lächelte. „Locher? Nee, hab' ich nicht. Aber schau mal, wie cool diese Grafik ist."
Es war einer dieser Momente, in denen man tief durchatmet und sich fragt, wie das Leben hierhergekommen ist. Ich ging weiter, fragte noch fünf andere Leute und erntete nur leere Blicke und Schulterzucken. Der Locher war verschwunden, niemand wusste, wo er war. Es war, als hätte ihn ein kleines schwarzes Loch verschluckt, direkt von meinem Schreibtisch in eine andere Dimension gezogen.
Am Ende habe ich ihn gefunden. Ganz unspektakulär, auf einem Fensterbrett, wo er stand, als warte er auf den Bus. Ich weiß bis heute nicht, wie er da hingekommen ist. Vielleicht wollte er raus, frische Luft schnappen. Ich nahm ihn, legte ihn zurück auf meinen Schreibtisch und betete kurz, dass er dort bleiben möge. Aber wer weiß. Vielleicht ist er ja nur der Vorbote einer größeren Verschwörung - einer Büro-Sabotage-Verschwörung, die sich Stück für Stück entfaltet.

So oder so: Wenn der Locher fehlt, weiß man, dass etwas nicht stimmt. Und du kannst sicher sein, dass der Tag von nun an nicht besser wird.

Vom verschwundenen Locher zum digitalen Desaster

Nachdem du den Locher wiedergefunden hast, denkst du vielleicht: „Jetzt habe ich alles im Griff." Schön wär's. Denn wenn die analoge Welt erst einmal überwunden ist, wartet schon die digitale Hölle auf dich.

Wenn etwas den Büroalltag wirklich in den Wahnsinn treiben kann, dann ist es die Technik. Drucker, die nicht drucken, Monitore, die einfach schwarz bleiben und natürlich das Lieblingsmantra aller Mitarbeiter, wenn nichts mehr geht: „Das System ist abgestürzt".

Das Schöne daran? Niemand weiß genau, was damit gemeint ist. Es kann alles Mögliche sein: von einer langsamen Internetverbindung bis hin zu einem Server, der sich eine Auszeit genommen hat. Aber eines ist sicher: Wenn der PC schuld ist, ist das die perfekte Ausrede, um alles auf „später" zu verschieben. Und das macht Büro-Sabotage digital.

„Das System ist abgestürzt" - Wenn der PC mal wieder schuld ist

Es gibt Tage im Büro, die beginnen wie jeder andere und man denkt, es wird ein ganz normaler Tag. Doch plötzlich erscheint ein kleines Fenster auf dem Bildschirm und sagt: „Fehler. Das System ist abgestürzt. Und du weißt: Nichts wird mehr normal sein.

Ich erinnere mich an einen Montagmorgen, an dem ich voller Tatendrang (okay, vielleicht auch nur halb wach) an meinen Schreibtisch kam, bereit, die Aufgaben der Woche in Angriff zu nehmen. Ich setzte mich, schaltete den Computer ein und da war es: „Das System ist abgestürzt. Bitte neu starten".

„Kein Problem", dachte ich, „ich starte einfach neu." Ich drückte auf den Knopf, trank einen Schluck Kaffee und wartete. Der Computer startete, die üblichen bunten Lichter blinkten, und dann... „Das System ist abgestürzt. Bitte neu starten."

Wunderbar. Genau das wollte ich hören, noch bevor ich mein erstes Dokument geöffnet hatte. Aber ich gab nicht auf. Ich startete neu. Und neu. Und wieder neu. Es war wie eine Endlosschleife. In der Zwischenzeit kam Thomas vorbei, der zufällig (oder vielleicht auch absichtlich) immer dann auftaucht, wenn jemand technische Probleme hat.

„Probleme mit dem PC?", fragte er grinsend. „Wahrscheinlich nur ein kleiner Systemfehler. Das geht wieder weg."

Ich sah ihn an, als hätte er mir gerade gesagt, ich solle mir keine Sorgen machen, wenn mein Auto auf der Autobahn in Flammen aufgeht. „Ein kleiner Systemfehler?", wiederholte ich. „Ich kann nicht einmal meine Mails öffnen!"

„Ach, das ist nichts", sagte Thomas und zuckte mit den Schultern. „Bei mir ist letzte Woche das System komplett abgestürzt und ich konnte den ganzen Tag nichts machen. War eigentlich ganz nett."

Natürlich. Für Thomas war es ein geschenkter Urlaubstag. Für mich war es der Beginn eines technischen Alptraums. Ich rief den IT-Support an, weil ich dachte, die könnten mir helfen. „Ja, wir schauen uns das mal an", sagte eine Stimme, die klang, als würde sie gerade in einem Handbuch blättern, um herauszufinden, was ein Computer überhaupt ist.
„Das ist wirklich ein sehr merkwürdiger Fehler", sagte der IT-Mitarbeiter nach zehn Minuten Schweigen. „Können Sie versuchen, den PC neu zu starten?"
„Ja, sicher", sagte ich und versuchte, meine Augenbrauen nicht zu sehr in die Höhe schnellen zu lassen. „Das habe ich nämlich erst fünfzehn Mal gemacht." Aber ich tat es trotzdem, und natürlich passierte genau das Gleiche: „Das System ist abgestürzt. Bitte neu starten."
„Hmm... das klingt nach einem Problem", sagte der IT-Typ, als hätte ich ihn gerade gefragt, ob es nass sei. „Wir werden wohl einen Techniker schicken müssen. Aber das kann ein paar Stunden dauern."
„Ein paar Stunden?" fragte ich entsetzt. „Ich habe Termine!"
„Ja, das ist ärgerlich", sagte er, als würde ich mich über schlechtes Wetter beschweren. „Vielleicht können Sie in der Zwischenzeit etwas anderes machen?" Etwas anderes. Ich sah mich in meinem Büro um, als würde ich plötzlich ein geheimes Hobby entdecken, das ich all die Jahre übersehen hatte. Klar, warum nicht. Vielleicht könnte ich anfangen, Origami zu falten. Oder ein bisschen Yoga machen.
Als der Techniker endlich kam, hatte ich schon drei Kaffee intus und das Handbuch „Wie man Computer mit bösen Blicken verflucht" fast auswendig gelernt. Er setzte sich, drückte ein paar Knöpfe und - natürlich - das System funktionierte plötzlich wieder.
„Was war das Problem?" fragte ich halb fasziniert, halb misstrauisch. „Ach, nichts Großes", sagte der Techniker lässig, „nur ein kleiner Software-Glitch. Passiert manchmal."
Manchmal? Ich sah ihn an, als würde ich jeden Moment

explodieren. „Manchmal" ist ein Wort, das suggeriert, dass es völlig normal ist, wenn die Technik ohne ersichtlichen Grund beschließt, den Dienst zu verweigern. Das ist, als würde dein Kühlschrank plötzlich sagen: „Heute nicht. Morgen vielleicht".
Aber so ist das im Büro. Manchmal funktionieren die Dinge einfach nicht und keiner weiß warum. Und dann kommt der Moment, in dem der PC plötzlich wieder läuft und man denkt: „War das wirklich der Techniker? Oder hat der Computer einfach entschieden, dass er genug Drama verursacht hat und jetzt wieder kooperativ sein will?" Man weiß es nicht. Und du fragst auch lieber nicht.
Stattdessen freut man sich einfach, dass der Bildschirm wieder leuchtet und man seiner Arbeit nachgehen kann - zumindest bis das nächste kleine Fenster aufpoppt, das einem mitteilt, dass „das System abgestürzt ist" Denn eines ist sicher: Auf die Technik ist Verlass. Darauf, dass sie immer dann nicht funktioniert, wenn du sie am dringendsten brauchst.

Von der Technik zum Klatsch

Nach dem Kampf gegen Drucker, PCs und verschwundene Locher hast du vielleicht das Gefühl, das Bürochaos endgültig besiegt zu haben. Doch dann passiert es: Ein Kollege schnappt sich seinen Kaffee, lehnt sich an deinen Schreibtisch und du weißt, du hast verloren.
Denn technische Probleme lassen sich beheben. Fehlendes Büromaterial kannst du ersetzen. Was aber, wenn ein Kollege anfängt zu reden - und nicht mehr aufhört? Willkommen in der Welt des unersättlichen Redeflusses. Es gibt keine Pause-Taste, keinen Aus-Schalter. Nur endlose Monologe, die so viel Substanz haben wie ein Schaumkuss - schön weich und süß, aber absolut luftleer.
Bereiten wir uns auf das nächste Kapitel vor, das beweist, dass die wahren Herausforderungen im Büro nicht aus Plastik oder Metall bestehen, sondern aus unkontrolliertem Rededrang.

Der Wetterbericht des Schreckens

Es gibt Gespräche, die klingen harmlos. Wie ein leichter Nieselregen, der irgendwann vorbeizieht. Und dann gibt es Gespräche, die sich anfühlen wie ein Orkan - unaufhaltsam, laut, und man weiß, dass danach nichts mehr so sein wird wie vorher. Und meistens fangen diese Gespräche harmlos an, mit dem harmlosesten Thema überhaupt: dem Wetter.
Es war ein grauer, regnerischer Dienstag, und ich war auf dem Weg zum Kaffeeautomaten, um mir die erste Tasse des Tages zu holen. Ich hatte noch nicht einmal den ersten Schluck getrunken, als Karl um die Ecke bog. Karl ist der Kollege, der den Wetterbericht nicht nur als Information betrachtet. Für ihn ist das Wetter eine Art spirituelles Erlebnis, das in epischer Breite zelebriert werden muss.
„Na, hast du den Wetterbericht gesehen?", fragt er mit einem breiten Grinsen, das ich nur erwidern kann, weil ich noch zu müde bin, um wegzulaufen. „Von Westen zieht ein Hochdruckgebiet auf, das wird eine aufregende Woche!"
„Oh, toll", murmelte ich und hoffte, dass das Gespräch so schnell verschwinden würde wie die Sonne hinter den Wolken. Aber ich hätte es besser wissen müssen. Karl kam näher und ich saß in der Falle.
„Ja, das Hoch bringt zuerst eine Kaltfront, aber dann ..." Er machte eine dramatische Pause, als würde er das Staffelfinale einer spannenden Serie ankündigen. „Dann kommt der Föhn!"
Ich war versucht zu applaudieren. Nicht, weil ich besonders beeindruckt war, sondern weil ich hoffte, das Gespräch sei damit beendet. Aber Karl war gerade erst warm geworden.
"Ich sag's dir, ich hab's im Gefühl", fuhr er fort. "Heute Nachmittag steigt die Temperatur um mindestens sieben Grad! Und die Luftfeuchtigkeit ..." Er zückte sein Handy, als hätte er gerade einen Geheimbericht der Wetterpolizei erhalten, und begann, Zahlen aufzulisten.

Ich nickte, als hätte ich eine Ahnung, wovon er sprach, und überlegte, ob ich mich vielleicht einfach rückwärts aus dem Raum schleichen könnte. Doch Karl hatte mich im Visier. „Wusstest du", fuhr er fort, „dass es letztes Jahr um diese Zeit schon geschneit hat? Und die Niederschlagsmenge war fast doppelt so hoch wie jetzt!"
„Wirklich?" fragte ich, als wäre das die faszinierendste Information, die ich je gehört hatte. „Das ist ja ... unglaublich!" Aber Karl war nicht zu bremsen.
„Genau!", rief er, begeistert, endlich jemanden gefunden zu haben, der seine Begeisterung teilt - oder zumindest so tut. „Ich habe mir extra eine App runtergeladen, die mir stündlich die Windgeschwindigkeit anzeigt. Willst du mal sehen?"
Ich überlegte kurz, ob ich ihm einfach meinen Kaffee ins Gesicht schütten sollte. Das wäre zwar nicht sehr höflich, aber vielleicht die einzige Möglichkeit, diesem meteorologischen Albtraum zu entkommen. Stattdessen lächelte ich höflich und sagte: „Oh, das ist sicher interessant, aber ich... muss zurück an meinen Schreibtisch".
„Kein Problem", rief Karl, als wäre das die Einladung zu einem zweiten Wettervortrag. „Ich komme mit!"
Und so begann der endlose Wetterbericht des Grauens. Karl folgte mir zurück an meinen Schreibtisch und referierte über Stratosphärenwinde, Kaltluftblasen und den Unterschied zwischen einer Cirrus- und einer Cumuluswolke. Ich hätte mich fast selbst in eine Wolke verwandelt, nur um diesem Gespräch zu entkommen.
Das Schlimme ist, dass Karl nicht merkt, wann es genug ist. Selbst als ich anfing, wild auf meiner Tastatur herumzutippen und so zu tun, als würde ich an etwas Dringendem arbeiten, ließ er sich nicht ablenken. „Weißt du, dass es morgen hageln kann? Im Oktober! Das ist doch verrückt, oder?"
Es war wirklich verrückt. Aber nicht so, wie er dachte. „Ja, verrückt", sagte ich, ohne aufzusehen. „Hagel. Im Oktober. Wer hätte das gedacht."

Schließlich gelang es mir, Karl mit einem Trick loszuwerden. „Weißt du was?", sagte ich, als er gerade zu einem Satz ansetzte, der offenbar das Wettergeschehen der letzten 20 Jahre zusammenfassen sollte. „Du solltest wirklich mal einen Blog schreiben. Deine ganzen Wetterinfos, das wäre doch was fürs Internet!"
Karl strahlte, als hätte ich ihm gerade den Nobelpreis verliehen. „Meinst du?", fragte er begeistert. „Das wäre großartig! Ich könnte jeden Tag über die verschiedenen Wetterphänomene schreiben..."
„Auf jeden Fall", sagte ich und versuchte, nicht zu grinsen. „Aber vielleicht solltest du gleich anfangen. Man muss die Ideen festhalten, solange sie frisch sind."
Und tatsächlich, er nickte, drehte sich um und verschwand in Richtung seines Schreibtisches. „Gute Idee! Ich fange gleich damit an!"
Ich hatte gewonnen. Zumindest für den Moment. Karl war weg und ich konnte endlich meinen Kaffee genießen, auch wenn er inzwischen kalt war. Aber ich wusste, es war nur eine Frage der Zeit, bis er wiederkommen würde. Und dann würde der Wetterhorror weitergehen. Denn so unberechenbar das Wetter auch sein mag, eines ist sicher: Karl hört nie auf.

Vom Wetterphänomen zum Wochenendphänomen

Es ist ein echtes Erfolgserlebnis, wenn man einem endlosen Wetterbericht entkommen kann. Man denkt, man hat es geschafft und der Tag kann endlich in Ruhe weitergehen. Doch dann kommt der nächste Büroklassiker: Der Kollege, der dir jedes Wochenende bis ins kleinste Detail schildert, als hätte er gerade eine Dokumentation für Netflix gedreht.
Das Wettergespräch ist vorbei, aber der Montagmorgen hat andere Pläne. Der Wochenendbericht steht an und du wirst feststellen, dass nichts zu langweilig ist, um nicht ausführlich erzählt zu werden. Also schnall dich an, es geht weiter mit dem endlosen Bericht über das, was du garantiert nicht wissen wolltest, aber jetzt hören musst.

Der endlose Wochenendbericht

Es ist Montagmorgen, 9 Uhr, und du schleppst dich gerade durch die Bürotür, noch halb in Gedanken an das viel zu schnell vergangene Wochenende. Du setzt dich, trinkst einen Schluck Kaffee und bereitest dich mental darauf vor, in den Arbeitsmodus zu schalten. Doch kaum hat man sich eingerichtet, hört man die Worte, die den schlimmsten Teil des Tages einläuten: „Na, wie war dein Wochenende?"

Meistens kommt dieser Satz von Kollegen wie Olaf. Olaf ist der Typ, der am Montagmorgen aussieht, als hätte er das Wochenende genutzt, um die perfekte Balance zwischen Erholung und Aktivität zu finden. Er sieht fit und munter aus, während du noch versuchst, den Abdruck des Kopfkissens von deiner Wange zu reiben.

„War gut", sagst du und hoffst, dass es dabei bleibt. Doch Olaf lässt sich nicht abschütteln. „Oh, super! Meins war auch toll! Schau mal, was ich alles gemacht habe..."

Und schon geht es los. Du willst höflich sein, willst ihm wirklich zuhören, aber sobald er anfängt, spürst du, wie deine Seele langsam den Raum verlässt. „Am Freitag war ich mit meiner Familie essen. Wir haben ein neues Restaurant ausprobiert, es war wirklich fantastisch, und danach sind wir noch ins Kino gegangen..."

In deinem Kopf hörst du nur noch ein dumpfes Rauschen. Du hast „Freitag" und „essen" verstanden, und dann ist alles nur noch ein verschwommener Strom von Wörtern, der irgendwie an deinen Ohren vorbeizieht. „...dann sind wir am Samstag früh gejoggt, so um sechs Uhr, und es war herrlich, richtig frische Luft..."

Sechs Uhr. Am Samstag. Joggen. Du versuchst nicht zu lachen, aber es fällt dir schwer, denn dein Samstagmorgen bestand aus einer verzweifelten Suche nach dem Wecker und einem stundenlangen Kampf mit der Bettdecke. Aber Olaf redet weiter und du merkst, dass du dieses Gespräch nicht lebend überstehen wirst.

„...und dann waren wir am Nachmittag im Baumarkt, weil wir noch das Gartenhäuschen renovieren wollten..." Das ist der Moment, in dem du merkst: Du musst eine Exit-Strategie finden, und zwar schnell. Aber Olaf hat inzwischen Fahrt aufgenommen und ist nicht mehr zu stoppen.
„... am Sonntag dann ein Ausflug an den See, das war so schön, das Wetter war perfekt. Und dann haben wir Picknick gemacht..." Du versuchst verzweifelt einen Fluchtweg zu finden, doch Olaf hat deinen Fluchtversuch bereits erahnt und versperrt dir den einzigen Ausweg.
Es ist schon fast faszinierend, wie viele Details er in kürzester Zeit einbauen kann. Längst hast du den Überblick verloren, ob er gerade vom Samstag oder vom Sonntag spricht - oder ob das Ganze ein langes, zusammenhängendes Wochenende war, das einfach weitergegangen ist. Es ist, als hätte Olaf beschlossen, jedes einzelne Ereignis mit dir zu teilen, und du fragst dich, ob er die Geschichte je zu Ende erzählen wird.
„... und dann haben wir abends gegrillt. Oh, das müsst ihr auch mal machen, diese neuen veganen Würstchen sind echt der Hammer!" Du nickst mechanisch und hoffst, dass er jetzt fertig ist. Doch dann sagt er die gefürchteten Worte: „Ach, und was hast DU so gemacht?" Was sollst du jetzt sagen? Du willst nicht lügen, aber du weißt, dass deine Antwort - „Ich habe hauptsächlich Netflix geguckt und versucht, nicht vor Montag abzuhauen" - irgendwie nicht konkurrenzfähig ist. „Äh, nichts Besonderes", sagst du, „war eigentlich ganz entspannt".
„Ach, das ist auch schön", sagt Olaf, als hätte er dir gerade bestätigt, dass auch ein langweiliges Leben lebenswert ist. „Aber du solltest wirklich mal die Gegend erkunden, so wie wir! Da gibt es so schöne Plätze und die frische Luft..."
In diesem Moment überlegst du ernsthaft, ob du einfach aufstehen und Olaf unbemerkt in ein anderes Zimmer schieben kannst. Aber du weißt, es gibt keinen Ausweg. Der Wochenendbericht wird immer wieder kommen, Montag für Montag, ob du willst oder nicht.

Am Ende bleibt dir nur die Hoffnung, dass Olaf eines Tages jemanden findet, der wirklich alle Details seines Wochenendes hören will. Bis dahin nickst du, lächelst und schmiedest insgeheim Pläne, wie du ihm beim nächsten Mal aus dem Weg gehen kannst. Vielleicht gibt es ja eine App, die dich warnt, sobald Olaf das Büro betritt und dir genug Zeit lässt, dich im Besprechungsraum zu verstecken. Denn eines ist sicher: Dem Drucker kannst du vielleicht entkommen und auch der PC wird irgendwann wieder laufen - aber dem endlosen Wochenendbericht wirst du nicht entkommen.

Vom Wochenend-Report zu den immer gleichen Geschichten

Nachdem du den Wochenendbericht erfolgreich überstanden hast, atmest du auf und denkst: „Jetzt kann mich nichts mehr schocken". Doch so einfach gibt sich der Büroalltag nicht geschlagen. Denn gerade, wenn du endlich wieder im Arbeitsmodus bist, taucht jemand auf, der das Unmögliche möglich macht: Dir genau die gleiche Geschichte zu erzählen, die du schon letzte Woche gehört hast.

Es gibt Menschen, die haben Anekdoten, die sie lieben. Und es gibt Menschen, die lieben diese Anekdoten so sehr, dass sie sie immer und immer wieder erzählen. Willkommen im nächsten Kapitel der Bürohölle, wo du lernst, dass es kein Entkommen vor der Wiederholung gibt - es sei denn, du stellst auf Durchzug.

„Kennst du das schon?“ - Die Anekdoten-Wiederholung

Es gibt im Büro diese Art von Kollegen, die eine Geschichte so oft erzählen, dass man das Gefühl hat, sie wird irgendwann in Stein gemeißelt und als Büromythos weitergegeben. „Kennst du das schon?“, fragen sie, als wäre es ein geheimer Zauberspruch, der alle Sorgen vertreibt - und dann kommt sie: die immergleiche Anekdote, die du schon vor Monaten gehört hast. Nur diesmal in HD und mit Director's Cut.

Mein Kollege Jens ist so einer. Er hat ungefähr drei Geschichten, die er regelmäßig aus dem Hut zaubert, als wären es neue Zaubertricks. Die Sache ist die: Sie sind alles andere als magisch. Aber Jens liebt sie. So sehr, dass er sie jedes Mal mit derselben Begeisterung erzählt, als wäre es das erste Mal. Und für ihn scheint es auch jedes Mal so zu sein.

Eines Tages saß ich nichtsahnend an meinem Schreibtisch, als Jens mit einem breiten Grinsen auf mich zukam. „Hey, kennst du die Geschichte von meinem Campingausflug in die Alpen?“, fragte er. Ich schloss die Augen und zählte bis drei. Natürlich kannte ich sie. Ich kannte sie auswendig. Ich hätte sie im Schlaf erzählen können, mit all den kleinen Nebensätzen und dramatischen Pausen.

Aber Jens ließ mir keine Wahl. Er setzte sich auf die Tischkante, als wolle er sagen: „Mach's dir bequem, das wird ein langer Ritt.“ Dann begann er zu erzählen. „Also, letzten Sommer war ich mit ein paar Freunden in den Alpen, und da war dieser eine Tag, an dem unser Zelt fast weggeflogen wäre...“

Ich spürte, wie mein innerer Monitor auf Standby ging. Denn ich wusste genau, was jetzt kommen würde. Das Zelt, der Wind, die heldenhafte Rettung des Schlafsacks, der fast den Berg hinuntergerollt wäre - alles wie eine einstudierte Szene aus einem Theaterstück, das man schon zwanzig Mal gesehen hat. Aber Jens sprach weiter, unbeeindruckt von meinem leeren Blick.

„... und dann bin ich rausgesprungen, ohne Schuhe, und habe das Zelt gerade noch festgehalten, bevor es ganz weggeweht ist!“, erzählte er mit der gleichen Begeisterung wie beim ersten Mal. Ich nickte. Ich wusste genau, was als nächstes kommen würde.
"Und dann hat mich mein Kumpel Frank gefragt: 'Bist du verrückt geworden? Und ich habe geantwortet: ‚Ich lasse mein Zelt nicht wie einen Winddrachen davonfliegen!‘“ Jens lachte, als hätte er gerade den besten Witz der Welt erzählt, und wartete darauf, dass ich mitlachte.
Ich zwang mich zu einem Lächeln. „Ja, das ist wirklich eine verrückte Geschichte“, sagte ich. „Hast du die nicht schon mal erzählt?“
„Oh, vielleicht“, sagte Jens und winkte ab, als wäre es nicht so wichtig. „Aber jedes Mal, wenn ich daran denke, muss ich lachen!“
Das war’s. Für ihn war die Geschichte so frisch wie der Morgentau, und ich hatte das Gefühl, dass sie sich wie eine Endlosschleife in mein Gehirn eingebrannt hatte.
Es ist faszinierend, wie manche Menschen Geschichten immer wieder recyceln können, als wären sie ein guter Wein, der mit der Zeit immer besser wird. Aber in Wirklichkeit ist es eher wie ein Flaschengeist, der einfach nicht zurück in die Flasche will. Und Jens war ein Meister darin.
Er hatte noch eine andere Lieblingsgeschichte über ein wildes Barbecue, bei dem der Grill explodierte - warum auch immer. Ich habe nie ganz verstanden, wie ein Grill explodieren kann, aber jedes Mal, wenn er sie erzählte, fügte er neue Details hinzu, als wollte er die Geschichte jedes Mal ein bisschen spannender machen. „Es war wie im Film, wirklich! Ich stand da mit der Zange in der Hand und BUMM! Der Grilldeckel fliegt weg!“ Und ich dachte nur: „Ja, Jens, ich weiß, das hast du mir schon fünf Mal erzählt.“ Aber ich habe nichts gesagt.
Stattdessen lernte ich, das Gesicht zu machen, das man macht, wenn man so tut, als wäre es die aufregendste Geschichte, die man je gehört hat. Ein leichtes Lächeln, die Augenbrauen ein wenig

hochgezogen - gerade genug, um interessiert zu wirken, ohne zu sehr involviert zu sein. Ich nenne das mein „Anekdoten-Pokerface". Das Merkwürdige ist, dass Jens immer wieder neue Zuhörer findet, die seine Geschichten noch nie gehört haben. Es ist fast so, als hätte er ein inneres Radar, das auf Menschen anspringt, die ihm noch nie begegnet sind. Und die tun mir leid, weil sie nicht wissen, was auf sie zukommt. Sie denken, sie hören eine nette kleine Geschichte - und dann werden sie in den Strudel der Anekdoten hineingezogen, aus dem es kein Entrinnen gibt.

Am Ende des Tages dachte ich manchmal daran, Jens eine Art Urkunde zu überreichen: „Für die erfolgreichste Wiederholung einer Geschichte im Büro". Vielleicht würde er es sogar annehmen, stolz darauf, dass seine Geschichten so beliebt sind. Oder er würde es als Aufforderung verstehen, noch mehr Anekdoten zu erzählen. Denn eines ist sicher: Jens wird nie aufhören, seine Geschichten zu erzählen. Und ich werde nie aufhören, mein „Anekdoten-Pokerface" zu perfektionieren. Es ist wie ein stilles Abkommen, das wir beide haben - er erzählt und ich höre zu. Oder tue zumindest so.

Von Anekdoten zu Ausreden

Nach endlosen Geschichten und einem fast hypnotischen Wetterbericht denkt man, es kann nicht mehr schlimmer werden. Doch dann gibt es Kollegen, die eine ganz besondere Kunst beherrschen: das Verschwinden. Und zwar nicht physisch - nein, sie sind anwesend, aber irgendwie nicht da. Wie Geister bewegen sie sich durchs Büro, tauchen kurz auf und lösen sich beim Versuch, sie zu fassen, wieder in Luft auf.

Diese Meister der Vermeidung haben die Technik perfektioniert, sich unerreichbar zu machen, selbst wenn sie direkt neben einem sitzen. Ob sie E-Mails ignorieren, Anrufe ignorieren oder sich einfach in „wichtigen Meetings" verstecken - es ist fast schon bewundernswert, wie geschickt sie sich aus der Verantwortung winden. Willkommen in der Welt der unsichtbaren Kollegen, die man nie erreicht, wenn man sie wirklich braucht.

Oh, ich habe die E-Mail nicht gesehen".

Es gibt diese kleinen Sätze, die man im Büro ständig hört. "Können wir das nicht später machen? Aber noch subtiler und mindestens genauso wirkungsvoll ist: „Oh, ich habe die E-Mail nicht gesehen". Das ist der unschuldige Klassiker unter den Ausreden, oft kombiniert mit einem Gesichtsausdruck, der völlige Überraschung ausdrückt - als wäre es eine völlig neue Erkenntnis, dass E-Mails im Posteingang landen.

Mein Kollege Max ist ein Meister dieser Taktik. Wenn es eine olympische Disziplin „E-Mails ignorieren" gäbe, hätte er nicht nur die Goldmedaille, sondern wäre auch der Trainer der nächsten Generationen. Egal, was man ihm schreibt - eine dringende Frage, eine einfache Bitte oder eine klare Anweisung - seine Antwort kommt immer mit einer halben Stunde Verspätung, als hätte er gerade erst entdeckt, dass es E-Mails gibt.

Eines Tages brauchte ich dringend ein Feedback von ihm. Es ging um ein Projekt, das überfällig war, und ich hatte ihm ungefähr fünf E-Mails geschickt, jede dringender als die letzte. Aber von Max kam nichts. Nicht einmal eine automatische Abwesenheitsnachricht. Also beschloss ich, die Sache persönlich anzugehen und ging zu seinem Schreibtisch.

„Hey Max", sagte ich freundlich, „hast du meine E-Mail bekommen?"

Max blickte auf, als hätte ich ihn gerade aus einer tiefen Meditation gerissen. „Welche E-Mail?", fragte er und zog die Augenbrauen hoch, als hätte ich ihn gefragt, ob er schon mal ein Einhorn gesehen hätte

„Na, die E-Mail über das Projekt. Die habe ich dir gestern Morgen geschickt. Und gestern Nachmittag. Und heute Morgen noch einmal."

„Ach, dass...", sagte Max langsam, als würde er sich an etwas Dunkles und Fernes erinnern. „Ja, tut mir leid, ich habe sie nicht gesehen."

In diesem Moment musste ich mich wirklich zusammenreißen, um nicht laut loszulachen. Denn sein Bildschirm zeigte deutlich seinen

Posteingang, und ich konnte meine E-Mail in der Liste sehen, ganz oben, markiert und mit einem fetten roten „Dringend" versehen. Doch Max ließ sich nichts anmerken. Er nickte nur, als wäre das alles ganz normal.

„Weißt du, ich bekomme so viele E-Mails", fügte er hinzu, „es ist schwer, den Überblick zu behalten."

Ich wollte ihm sagen, dass er vielleicht weniger E-Mails über Online-Shopping und mehr über seine Arbeit öffnen sollte, aber ich beherrschte mich. „Kannst du sie dir jetzt kurz ansehen?", fragte ich, immer noch hoffnungsvoll, dass wir das Problem lösen könnten.

„Ja, natürlich, sofort", sagte er und begann auf seiner Tastatur zu tippen, als würde er eine Sonate spielen. Doch nach ein paar Sekunden hielt er inne und setzte wieder diesen überraschten Gesichtsausdruck auf. „Oh, Moment, das System spielt verrückt. Ich glaube, mein Posteingang hat sich aufgehängt."

Natürlich. Der Posteingang war abgestürzt. Ich musste mich beherrschen, um nicht zu fragen, ob er sein „System" vielleicht auch mal neu starten könnte, wenn es darum geht, pünktlich zu sein. Stattdessen nickte ich verständnisvoll. "Kein Problem", sagte ich und dachte: "Wahrscheinlich kann ich ihn nur zu einer Antwort bewegen, wenn ich ihm eine Brieftaube schicke.

Es ist fast faszinierend, wie geschickt Max sich aus solchen Situationen herauswindet. Manchmal denke ich, er sollte Vorträge darüber halten, wie man sich im Büro unsichtbar machen kann, ohne wirklich zu fehlen. Denn egal, was passiert, ob ein Meeting, eine Deadline oder eine einfache Rückfrage, Max hat immer eine Erklärung parat, warum er nicht erreichbar war.

Einmal habe ich ihn direkt in der Küche abgefangen, als er sich gerade eine Tasse Tee machen wollte. „Hey Max, hast du meine E-Mail über die Präsentation gesehen?", fragte ich, entschlossen, ihn nicht entkommen zu lassen.

„Ach, die?" sagte er und lächelte entschuldigend, während er auf den Teebeutel schaute. „Ja, das wollte ich mir gerade ansehen. Aber

ich glaube, mein Laptop lädt gerade ein Update herunter, deshalb habe ich es noch nicht gesehen."
Natürlich. Ein Update. Im Büro gibt es nichts, was eine E-Mail besser blockieren kann als ein Update. Fast wollte ich fragen, ob er den Laptop mit einem anderen Gerät verwechselt hat, aber ich ließ es. Max war einfach zu gut in seinem Spiel.
Irgendwie hat er es immer geschafft, dass man ihm am Ende nichts vorwerfen konnte. Vielleicht weil er so überzeugend war. Oder weil er einfach nie lange genug an einem Ort war, um sich wirklich festnageln zu lassen. Manchmal sah ich ihn in Sitzungen, wie er auf seinem Handy herumtippte und so tat, als würde er sich Notizen machen. „Machst du dir Notizen?", fragte ich einmal neugierig.
„Ja, ja, ich überprüfe gerade etwas wegen der E-Mail von dir", sagte er mit einem ernsten Gesichtsausdruck. „Aber das Netz ist gerade so langsam..."
Inzwischen habe ich es aufgegeben, mich über Max zu ärgern. Ich sehe ihn als eine Art Bürogeist, der durch die Gänge schwebt, Spuren in Form von unbeantworteten Nachrichten hinterlässt und wieder verschwindet, bevor ihn jemand richtig fassen kann. Vielleicht sollte ich ihn einfach als „Meister der Vermeidung" respektieren. Denn eines muss man ihm lassen: Es gehört schon eine Menge Talent dazu, so präsent und gleichzeitig so unerreichbar zu sein.

Von E-Mails zu Pausenmarathons

Nachdem man den E-Mail-Phantomtricks von Max entkommen ist, glaubt man, endlich wieder etwas Ruhe und Kontrolle über den Arbeitstag zu haben. Aber das Büro hat noch einen anderen Meister der Vermeidung auf Lager: den Pausenkünstler.
Diese Kollegen beherrschen es, mit dem Satz „Bin gleich wieder da" eine ganze Dimension der Zeitreise zu erschaffen. „Gleich" kann alles bedeuten - von „in ein paar Minuten" bis zu „irgendwann heute Nachmittag, wenn die Sonne schon untergegangen ist". Aber was genau sie in der Zwischenzeit tun, bleibt ein Geheimnis. Also

schnapp dir einen Kaffee (oder zwei) und mach dich bereit für die nächste Geschichte über die Kunst des Verschwindens.

„Bin gleich wieder da" - Wenn es auch zwei Stunden dauern kann

Es gibt eine besondere Spezies von Kollegen, die es schaffen, aus einem kurzen „Bin gleich wieder da" einen epischen Ausflug zu machen. Sie verlassen ihren Schreibtisch, vielleicht um ein wenig frische Luft zu schnappen oder „etwas zu erledigen", und plötzlich sind sie verschwunden - wie durch ein Wurmloch in ein Paralleluniversum.

Mein Lieblingsbeispiel ist Sandra. Sandra ist eigentlich eine sehr nette Kollegin, die immer freundlich grüßt und fragt, ob man einen guten Tag hat. Aber sie hat eine erstaunliche Fähigkeit: Sobald sie den Satz „Ich bin gleich wieder da" sagt, kann man sicher sein, dass sie mindestens zwei Stunden nicht auftaucht. Niemand weiß genau, wo sie dann ist, aber es ist, als würde sie in dieser Zeit eine kleine Weltreise machen.

Einmal war ich mitten in einem Meeting, das Sandra mit mir und ein paar anderen Kollegen anberaumt hatte. Wir waren gerade dabei, die Präsentation durchzugehen, als Sandra aufstand und sagte: „Oh, ich muss nur schnell etwas ausdrucken. Bin gleich wieder da."

Das klang harmlos genug. Ich meine, wie lange kann es dauern, ein paar Seiten auszudrucken? Wir warteten. Fünf Minuten. Zehn Minuten. Nach einer Viertelstunde begann ich, unruhig auf meinem Stuhl hin und her zu rutschen. „Wo ist sie?", murmelte jemand, und ich zuckte nur mit den Schultern.

Nach zwanzig Minuten schaute ich vorsichtig durch die Besprechungstür, ob sie vielleicht noch im Druckerraum feststeckte. Nichts. Keine Spur von Sandra. Endlich, nach einer halben Stunde, kam sie zurück, als wäre nichts gewesen. „Da bin ich wieder", sagte sie fröhlich, als hätte sie uns nicht gerade den halben Vormittag gekostet.

„Äh, Sandra", fragte ich vorsichtig, „bist du den ganzen Weg bis zur Druckerei in der Innenstadt gefahren?"
„Oh nein, ich habe mir unterwegs nur schnell einen Kaffee geholt", antwortete sie, als wäre es das Selbstverständlichste der Welt. „Und dann habe ich noch kurz mit Karl gesprochen, er wollte wissen, wie das Wetter heute wird."
Natürlich. Das Wetter. Wieder einmal. Aber das war erst der Anfang. Sandra ist bekannt dafür, dass ihre „kurzen Pausen" immer ein Eigenleben entwickeln. Einmal sagte sie: „Ich geh mal schnell was essen." Zwei Stunden später kam sie zurück - mit einer Einkaufstüte voller Lebensmittel, einem frischen Haarschnitt und der Geschichte, wie sie einen alten Schulfreund getroffen hatte. „Es war so ein Zufall", sagte sie. „Ich dachte, ich nutze die Gelegenheit!"
Gelegenheit. Ich war versucht zu fragen, ob sie auf dem Weg auch eine Kreditberatung gemacht hatte, aber ich ließ es bleiben. Denn es gibt Dinge, die hinterfragt man einfach nicht. Sandra lebt in ihrer eigenen Zeit und das kann man nicht ändern.
Eine andere legendäre Episode war, als Sandra mitten in einer Projektsitzung aufstand und sagte: "Ich gehe kurz zur Post. Sie war verschwunden, bevor jemand protestieren konnte. Eine Stunde später war das Treffen zu Ende und Sandra war immer noch nicht zurück. Als ich schließlich in der Poststelle nachsah, war niemand da. Es stellte sich heraus, dass sie auf dem Weg dorthin die Gelegenheit genutzt hatte, „schnell" ein paar Besorgungen zu machen.
„Was für Erledigungen?", fragte ich, als ich sie endlich wieder sah.
„Ach, ich war bei der Post, dann noch kurz bei der Bank und auf dem Rückweg noch bei der Reinigung", erklärte sie, als hätte sie gerade eine Runde um den Block gedreht.
„Klingt, als wärst du einmal durch die Stadt gelaufen", sagte ich lachend.
„Ja, aber ich habe alles erledigt", sagte sie strahlend.
Inzwischen habe ich gelernt, dass „gleich" für Sandra eine ganz

eigene Bedeutung hat. Es ist nicht wirklich „gleich" im klassischen Sinne. Es ist eher eine vage Zeitangabe, irgendwo zwischen „in ein paar Minuten" und „heute noch". Manchmal frage ich mich, ob sie einfach eine geheime Abmachung mit der Zeit hat, die wir anderen nicht verstehen.

Aber das Beste ist, dass sie immer wieder damit durchkommt. Vielleicht, weil sie es so charmant macht. Oder weil alle im Büro insgeheim bewundern, dass sie dem Alltag so elegant entfliehen kann. Manchmal wünschte ich, ich könnte das auch. Einfach aufstehen, sagen: „Bin gleich wieder da", und plötzlich säße ich mit einem Cocktail in der Hand am Strand, statt mich durch endlose Excel-Tabellen zu quälen.

Doch am Ende bleibt Sandra der unangefochtene Champion der kleinen Fluchten. Sie beweist, dass man im Büro präsent sein kann, ohne wirklich da zu sein. Und irgendwie hat sie es geschafft, dass ihr nie jemand böse ist, wenn sie wiederkommt. Denn, wie sie so schön sagt: "Besser später als nie.

Vom Pausenprofi zum Meetingzauberer

Wenn man die Kunst der ausgedehnten Pausen einmal kennengelernt hat, könnte man meinen, es gäbe nichts mehr, was einen noch überraschen könnte. Doch es gibt eine letzte Disziplin der Büromeisterschaft, die alle anderen übertrifft: das „wichtige Meeting". Es ist ein Begriff, der alles und nichts bedeutet, aber eines garantiert: Du wirst diese Person so schnell nicht wiedersehen. Die „wichtige Besprechung" ist die magische Eintrittskarte, mit der die Kollegen verschwinden können, ohne dass jemand Fragen stellt. Sie laufen mit ernster Miene und Aktenordner unter dem Arm den Gang entlang und erwecken den Eindruck, als würden sie gerade den Weltfrieden sichern - obwohl sie in Wirklichkeit wahrscheinlich nur gemütlich in einem Café sitzen. Lehnen Sie sich zurück und machen Sie sich bereit für die Geschichte der Meeting-Magier, die wissen, wie man aus einer Besprechung mehr macht als nur eine Stunde in einem stickigen Raum.

Das Phänomen der 'wichtigen Besprechung'

Es gibt kaum etwas, das so elegant und effektiv ist wie die Ausrede „Ich habe gleich ein wichtiges Meeting“. Es ist der ultimative Satz, um sich vor jedem Gespräch, jeder Aufgabe und jeder Verpflichtung zu drücken. Du musst noch den Jahresbericht fertig schreiben? „Tut mir leid, ich habe gleich eine wichtige Besprechung.“ Jemand möchte, dass du ihm bei einer lästigen Aufgabe hilfst? „Klingt gut, aber ich habe gleich eine wichtige Besprechung.“

Manchmal frage ich mich, ob es sich dabei überhaupt um echte Besprechungen handelt, oder ob diese Leute nur irgendwo in einem Raum sitzen und das Wort „Besprechung“ wie ein Mantra wiederholen, während sie Sudoku lösen. Mein Kollege Daniel ist ein Paradebeispiel für diese Meisterschaft.

Daniel ist einer von denen, die immer beschäftigt scheinen. Wenn er durch den Flur läuft, hat er den Blick eines Menschen, der gerade versucht, die nächste große Finanzkrise zu verhindern - oder zumindest das Catering für das nächste Meeting zu organisieren. Und wenn man ihn anspricht, dreht er sich um, seufzt tief und sagt: „Ja, ich würde gerne, aber ich habe gleich ein wichtiges Meeting.“

Am Anfang habe ich ihm das geglaubt. Ich meine, warum sollte man sich auf Besprechungen freuen? Wenn jemand sagt, er hat ein wichtiges Meeting, dann nimmt man das ernst. Aber irgendwann begann ich, das Phänomen genauer zu beobachten. Als Daniel eines Morgens wieder einmal im Eiltempo durchs Büro stürmte, fragte ich ihn beiläufig: „Was ist das Thema deiner Besprechung?“

Daniel zögerte kurz. „Ach, verschiedene Dinge. Strategie, Planung, du weißt schon.“ Das klang so vage, dass ich einfach nachhaken musste. „Hört sich wichtig an“, sagte ich, „wann ist denn das Meeting vorbei?“

„Ähm ... schwer zu sagen", antwortete er und schaute auf seine Uhr, als könnte er damit die Zeit selbst befragen. „Könnte etwas länger dauern."
Etwas länger. Natürlich. Aber ich gab nicht auf. Am nächsten Tag beobachtete ich ihn genauer und bemerkte, dass er kurz nach seinem „wichtigen Meeting" aus dem Gebäude verschwand und eine halbe Stunde später mit einem To-Go-Becher und einem entspannten Gesichtsausdruck zurückkehrte. Ich begann eine Theorie zu entwickeln: Daniel hatte nie wirklich Meetings. Er hatte „Meeting-Fluchten".
Die perfekte Gelegenheit, meine Theorie zu testen, kam an einem Freitag. Es war der letzte Tag eines großen Projekts, und wir alle arbeiteten bis zum Umfallen. Alle bis auf Daniel, der kurz vor Mittag laut verkündete: „Ich muss los, ich habe ein wichtiges Meeting". Ich konnte fast hören, wie die anderen mit den Augen rollten.
„Wo geht's denn diesmal hin?", fragte ich neugierig, als er an mir vorbeiging. „Ach, weißt du, so eine Strategiebesprechung." Er klang überzeugend, aber ich war vorbereitet. „Darf ich dich begleiten? Ich wollte sowieso ein paar Dinge besprechen."
Daniel starrte mich an, als hätte ich ihn gerade gefragt, ob ich ihn zu einem Familienessen begleiten dürfe. „Ähm, das wird wohl nicht möglich sein", sagte er schnell. „Das ist ... vertraulich."
Natürlich. Vertraulich. Ich nickte, lächelte und wartete, bis er außer Sichtweite war. Dann schnappte ich mir meinen Mantel und folgte ihm. Jetzt wollte ich es genau wissen.
Und da war es: Anstatt in einen Konferenzraum zu gehen, marschierte Daniel direkt aus dem Bürogebäude und bog um die Ecke in das kleine Café, das wir alle kannten. Als ich ihn durch das Fenster sah, wie er sich entspannt zurücklehnte, einen Kaffee bestellte und ein Croissant auspackte, musste ich lachen.
Als er später zurückkam, sprach ich ihn direkt darauf an. „Hey, wie war dein ‚wichtiges Meeting'?", fragte ich und versuchte nicht zu grinsen.
„Super", antwortete er ohne zu zögern. „Wir haben ein paar

wichtige Dinge besprochen."
„Wirklich?" Ich legte den Kopf schief. „Klingt anstrengend. Und wie war der Kaffee im Café nebenan?"
Für einen kurzen Augenblick erstarrte Daniel. Doch dann hob er die Hände und grinste. „Erwischt", sagte er, als hätte er gerade ein Geheimnis gelüftet, das ihn innerlich erleichterte. „Okay, ich gebe es zu. Manchmal sind meine ‚wichtigen Meetings' einfach ... Pausen."
„Manchmal?" fragte ich und zog eine Augenbraue hoch.
„Okay", sagte er, „vielleicht öfter als manchmal."
Ich musste lachen und er lachte mit mir. „Weißt du", sagte er, „es ist nicht so, dass ich meine Arbeit nicht mache. Aber manchmal braucht man einfach eine Ausrede, um durchatmen zu können. Und ‚wichtige Besprechung' klingt einfach besser als ‚ich brauche dringend einen Kaffee'".
Am Ende konnte ich ihm nicht böse sein. Denn auch wenn seine Besprechungen vielleicht nicht immer echt waren, sein Bedürfnis danach war es definitiv. Und irgendwie bewunderte ich seine Kreativität. Seitdem weiß ich genau, was los ist, wenn ich Daniel mit seinem ernsten Gesicht und einer Mappe unter dem Arm durchs Büro eilen sehe. Und manchmal nicke ich ihm zu, als wollte ich sagen: "Guten Morgen, Herr der Besprechungen.
Denn wenn Daniel etwas versteht, dann ist es die Kunst, das Büro zu beherrschen, ohne sich zu sehr anzustrengen. Vielleicht sollte ich es ihm eines Tages gleichtun. Aber vorher habe ich noch eine wichtige Besprechung... mit meinem Sofa.

Von wichtigen Meetings zu geheimen Snacks

Wenn man die „wichtigen Besprechungen" überlebt hat und vielleicht sogar darüber nachdenkt, eine kleine Kaffeepause als Besprechung zu tarnen, glaubt man, alles gesehen zu haben. Aber das Büro hält noch eine Überraschung für dich bereit: den Lunchbox-Diebstahl.
Denn es gibt eine ungeschriebene Regel im Büro, die besagt, dass das, was im Kühlschrank steht, offiziell jemandem gehört. Doch

diese Regel wird regelmäßig auf die Probe gestellt - von Kollegen, die sich wie kleine, hungrige Diebe anschleichen und das Mittagessen verschwinden lassen. Wenn es plötzlich nach deinem Curry riecht, die Box aber leer ist, dann weißt du es: Hier sind echte Lunchbox-Piraten am Werk. Willkommen im nächsten Kapitel, in dem das Essen nie sicher ist.

„Das riecht aber gut..." - und plötzlich ist dein Essen weg

Es gibt einen besonderen Schmerz, den nur Büroangestellte verstehen können: Du hast dir am Abend vorher dein Lieblingsessen zubereitet, es hübsch in einer Tupperdose verpackt und in den Bürokühlschrank gestellt. Dann kommst du mittags zurück, freust dich auf dein Essen und stellst fest... es ist weg. Nichts. Leer. Als wäre sie nie da gewesen.
Es gibt viele Dinge, die im Büro verloren gehen, aber nichts fühlt sich so persönlich an wie das Fehlen deines Mittagessens. Und doch passiert es immer wieder. Bei uns im Büro gibt es jemanden - wir wissen bis heute nicht, wer es ist -, der regelmäßig die Lunchboxen der Kolleginnen und Kollegen plündert. Wir nennen ihn einfach den „Snack-Ninja". Denn so geschickt wie er zuschlägt, hat ihn noch nie jemand erwischt.
Einmal wurde ich selbst Opfer des heimlichen Essensdiebs. Ich hatte mir ein leckeres Nudelgericht zubereitet, mit allem Drum und Dran - frische Tomatensauce, Parmesan, ein Hauch Basilikum. Ich konnte es kaum erwarten, das Mittagessen zu genießen. Als ich mittags zum Kühlschrank ging und meine Box öffnete, fand ich ... eine leere Schale. Jemand hatte nicht nur die Hälfte gegessen, sondern alles. Sogar den Basilikumzweig als Dekoration!
Ich stand da und konnte es nicht glauben. „Das kann doch nicht wahr sein", murmelte ich vor mich hin. In diesem Moment kam Karl vorbei - ja, der mit den endlosen Wetterberichten - und schaute in meine leere Dose. „Ach, das war dein Essen?" fragte er unschuldig. „Ich habe mich schon gefragt, wer das so lecker riechen lässt."
„Ja", sagte ich immer noch ungläubig. „Das war MEIN Mittagessen."
„Oh, das tut mir leid", sagte er, „aber ich habe es nicht gegessen. Aber ich habe es gerochen und es hat wirklich gut geschmeckt." Er nickte anerkennend, als hätte ich einen Preis für die beste

Aromadekoration gewonnen. Da wusste ich, dass ich handeln musste. Wir mussten den Snack-Ninja finden.
Ich trommelte ein paar Kollegen zusammen und wir beschlossen, eine Art geheimes Überwachungssystem zu entwickeln - natürlich ohne Kameras, das wäre zu viel des Guten. Stattdessen klebten wir kleine Zettel auf die Lunchboxen, auf denen in kryptischer Schrift Botschaften wie „Finger weg, ich sehe dich" standen. Und bei einer Box wagten wir es sogar, ein kleines Siegel anzubringen - als wäre sie eine Schatztruhe.
Doch das konnte den Snack-Ninja nicht aufhalten. Es schien fast so, als würde ihn die Herausforderung anspornen. Am nächsten Tag war wieder eine Dose leer, und der Zettel mit der Aufschrift „Finger weg" lag zerknüllt daneben. „Es ist, als hätten wir es mit einem Profi zu tun", sagte ich, als wir die leere Box untersuchten, als wäre sie der Tatort eines Verbrechens.
Doch dann kam der Höhepunkt: Als ich eines Tages nichtsahnend an meinem Schreibtisch saß, hörte ich ein leises „Klack, klack, klack". Das typische Geräusch, wenn man versucht, eine Tupperdose zu öffnen, die einfach nicht will. Ich schaute auf und sah durch die Glastür der Büroküche... Max. Ja, der gleiche Max, der schon Meister im E-Mail-Vermeiden ist.
Er saß da, seine Hände kämpften verzweifelt mit einer Tupperdose und er schien völlig in seine Aufgabe vertieft zu sein. Ich stand auf und schlich mich näher, und als ich fast in der Tür war, drehte er sich plötzlich um, mit dem typischen „Erwischt"-Blick. „Oh, hi", sagte er, als wäre das eine ganz normale Situation.
„Hallo Max", sagte ich langsam. „Bist du gerade dabei, dein Mittagessen zu ‚entdecken'?"
„Ja, genau", sagte er schnell, „ich dachte, das wäre meins."
Ich schaute auf die Schachtel, auf der ein dicker Aufkleber deutlich zu lesen war: „Marias Nudelspezialität - Finger weg!" „Ach ja?", fragte ich und versuchte, mein Lachen zu unterdrücken. „Dann heißt du jetzt Maria?"

Schnell legte er die Schachtel weg und hob die Hände. „Okay, okay, erwischt", gab er zu. „Ich war nur neugierig, was da drin ist. Es sah so gut aus und ich habe mein eigenes Mittagessen vergessen."
Und da war sie, die typische Snack-Ninja-Ausrede: "Ich habe es vergessen. Manchmal denke ich, das Büro ist wie ein riesiges Internat, in dem jeder irgendwie versucht, die Regeln zu umgehen. Und manche Kollegen sind dabei einfach kreativer als andere.
Seitdem haben wir den Snack-Ninja nicht mehr gesehen. Max hat versprochen, die Finger davon zu lassen, und es gab sogar eine Zeit, in der unsere Lunchboxen tatsächlich sicher schienen. Aber die Geschichten vom Snack-Ninja bleiben. Es ist, als wäre er nie wirklich verschwunden - er wartet nur auf den richtigen Moment, um wieder zuzuschlagen.
Aber immerhin wissen wir jetzt, dass die größte Bedrohung im Büro nicht das abstürzende System oder das endlose Meeting ist - sondern der Moment, in dem man die Lunchbox öffnet und... nichts findet. Das ist der wahre Schmerz im Büroalltag.

Vom Lunchbox-Diebstahl zum Kampf um den letzten Kuchen

Der Diebstahl der Lunchbox ist schon schlimm genug, aber es gibt einen Moment im Büroalltag, der noch schlimmer ist: der Kampf um das letzte Stück Kuchen. Jeder kennt ihn, jeder hat ihn schon erlebt. Da steht dieser eine Kuchen, vielleicht vom letzten Geburtstagsfrühstück oder als Belohnung für ein erfolgreiches Projekt, einsam und verlockend auf dem Küchentisch. Jeder weiß, dass es das letzte Stück ist, und jeder will es haben.
Aber in diesem Spiel gibt es keine Freunde, keine Kollegen - nur Konkurrenten. Die Torte wird zum Symbol der Macht, und der Kampf um sie könnte epischer nicht sein. Willkommen zu einer Geschichte, die zeigt, dass das Büro manchmal einem Dschungel gleicht und der Kuchen die ultimative Beute ist.

„Wer hat meine Snacks gegessen?" - Wenn es um das letzte Stück Kuchen geht

Es gibt Tage im Büro, die sind wie alle anderen, und dann gibt es diese besonderen Tage - die Kuchentage. Vielleicht hat jemand Geburtstag oder es gab einen Anlass, der gefeiert werden musste. Und dann steht er da, der Kuchen, auf dem Tisch in der Büroküche, und es ist, als würde die Sonne ein bisschen heller scheinen. Aber das Schönste und zugleich Gefährlichste an diesen Tagen ist das letzte Stück Torte.

Das letzte Stück Torte ist wie ein Magnet. Es zieht die Blicke aller im Raum auf sich, es hat eine Anziehungskraft, der sich niemand entziehen kann. Man sieht es, man denkt daran, und plötzlich hat man nur noch eine Mission: dieses letzte Stück zu ergattern. Aber genau das macht es zu einem begehrten Gut. Denn jeder will es haben - und niemand will der Gierige sein.

An einem schönen Freitagnachmittag war es wieder so weit. Es gab einen Marmorkuchen, saftig und perfekt, und am Morgen stand er wie eine kleine Oase des Glücks auf dem Küchentisch. Die ersten Stücke gingen schnell weg, jeder bediente sich und es herrschte die typische Büroharmonie: „Ach, nimm ruhig, ich hatte schon ein Stück". Doch gegen Mittag schlug die Stimmung um. Denn da war es, das letzte Stück. Alle sahen es, aber keiner traute sich, den ersten Schritt zu machen.

Und dann kam Jens - ja, der Jens mit den Anekdoten. Er stand vor der Torte und betrachtete sie wie ein Kunstwerk. „Mmh, sieht gut aus", sagte er und griff fast zaghaft nach dem Messer. Doch kaum hatte er es in der Hand, tauchte plötzlich Sandra (unsere Meisterin der langen Pausen) neben ihm auf.

„Ist das das letzte Stück?" fragte sie unschuldig, als hätte sie es nicht schon aus zehn Metern Entfernung gesehen. Jens hielt inne. „Ja, ich glaube schon", murmelte er, das Messer immer noch in der Hand.

„Hm, ich wollte mir auch gerade eins nehmen", sagte Sandra und sah ihn mit einem Blick an, der verriet, dass sie nicht kampflos aufgeben würde. Und so begann das Tortendilemma. Jens und Sandra standen sich gegenüber, das letzte Stück Marmorkuchen zwischen sich, wie zwei Cowboys beim Duell. Die Spannung war fast greifbar.

„Nimm du es", sagte Jens schließlich, aber seine Stimme klang, als würde er sich innerlich dagegen wehren. „Oh nein, du warst zuerst da", erwiderte Sandra mit einem Lächeln, das so unschuldig wirkte, dass es verdächtig war.

Das Problem mit dem letzten Stück Kuchen ist, dass niemand es nehmen will, ohne gierig zu wirken. Aber alle wollen es. Es ist eine Gratwanderung zwischen Höflichkeit und purem Verlangen. Und so standen sie sich weiter gegenüber, jeder hoffte, der andere würde einfach aufgeben.

„Weißt du", sagte Jens schließlich, „ich habe heute Morgen schon ein Stück gegessen. Ich bin sicher, du kannst es haben." „Ach, wirklich?" Sandra lächelte, als hätte sie gerade eine Schlacht gewonnen. „Aber wenn du so nett bist ..." Sie griff nach der Torte und genau in diesem Moment tauchte Karl, der Wetterexperte, in der Küche auf.

„Hey, das letzte Stück!" rief er erfreut. „Ich dachte schon, es wäre weg!"

Sandra und Jens schauten ihn an. Es war, als hätten sie eine geheime Abmachung getroffen und Karl hätte sie gerade gebrochen. „Äh, na ja", stotterte Jens, „eigentlich wollte Sandra gerade ..."

„Ach Quatsch", sagte Karl und griff ohne zu zögern nach dem Kuchen. „Wir teilen ihn einfach in drei Teile. Dann kriegt jeder was und keiner muss verzichten."

Da wurde mir klar: Es gibt Helden im Büroalltag, die wissen, wie man Konflikte löst. Und es gibt Karl, der den Kuchen einfach in drei winzige, ungleiche Stücke schneidet und uns alle mit einer Mischung aus Entsetzen und Bewunderung zurücklässt. „So, das reicht", sagte er fröhlich und nahm sich das größte Stück, bevor die anderen überhaupt reagieren konnten.

Man könnte sagen, der Kuchen wurde friedlich geteilt. Aber als ich sah, wie Sandra und Jens auf ihre kleinen Stücke schauten, wusste ich, dass der wahre Kampf noch nicht vorbei war. Denn beim nächsten Kuchen würden andere Regeln gelten.
Seit diesem Tag habe ich gelernt, dass der Bürokühlschrank und der Tisch mit dem Kuchen die wahre Arena des Büroalltags sind. Nicht das große Meeting, nicht die wichtigen Projekte, sondern das letzte Stück Kuchen zeigt, wer wirklich die Nerven hat, sich durchzusetzen. Und manchmal frage ich mich, ob wir nicht einfach ein kleines Schild daneben stellen sollten: „Betreten auf eigene Gefahr“. Denn eines ist sicher: Egal wie klein das Stück Kuchen ist, es wird immer jemanden geben, der bereit ist, dafür zu kämpfen. Und der wahre Gewinner ist am Ende derjenige, der es schafft, sich den Kuchen zu schnappen, ohne dass jemand merkt, dass er schon längst aufgegessen ist.

Vom Kampf um den Kuchen zum Kampf um den Schreibtisch

Nach dem spannenden Kampf um das letzte Stück Kuchen könnte man meinen, die Schlacht sei geschlagen. Doch das eigentliche Schlachtfeld im Büro ist und bleibt der eigene Schreibtisch. Er ist das Zentrum deines kleinen Bürouniversums, und wie du ihn gestaltest, sagt mehr über dich aus, als du vielleicht denkst.
Manche Kolleginnen und Kollegen halten ihren Schreibtisch so ordentlich, dass man meinen könnte, sie warteten auf eine Inspektion durch das Gesundheitsamt. Andere wiederum verwandeln ihren Schreibtisch in ein kreatives Chaos, bei dem man nicht weiß, ob es sich um ein Kunstwerk oder um die Folgen eines Tornados handelt. Willkommen zur nächsten Folge, in der wir die Geheimnisse kreativer Schreibtischwelten lüften - und herausfinden, warum manche Arbeitsplätze eher einem Dschungel gleichen.

Mein Schreibtisch ist mein Reich

Der Schreibtisch steht im Mittelpunkt des Büroalltags. Für die einen ist er nur ein Platz zum Arbeiten. Für die anderen ist er eine Leinwand, auf der sie ihre Persönlichkeit, ihre Vorlieben und manchmal auch ihre Macken zur Schau stellen. Und dann gibt es noch diejenigen, die ihren Schreibtisch als eine Art kleines Königreich betrachten - ein Territorium, das sorgfältig eingerichtet und verteidigt wird, als wäre jeder Stift eine strategische Position auf einem Schlachtplan.

Mein Kollege Frank ist ein solcher Schreibtischmonarch. Man könnte sagen, dass sein Arbeitsplatz weniger einem Schreibtisch als einem sorgfältig gestalteten Altar gleicht. Jedes Mal, wenn ich an ihm vorbeigehe, habe ich das Gefühl, in eine andere Welt einzutauchen. Bleistifte sind akkurat in Reihen sortiert, kleine Pflänzchen sitzen in winzigen, handbemalten Töpfen und sogar ein Miniaturschloss dient als Halterung für seine Büroklammern. Es ist ein Ort der Perfektion - und wehe, jemand verschiebt etwas auch nur um ein paar Millimeter.

Einmal habe ich gesehen, wie Jens (ja, der mit den endlosen Geschichten) einen Stift von Franks Schreibtisch genommen hat, um schnell etwas zu notieren. Ich schwöre, die Luft war für einen Moment wie gefroren. Frank, der gerade in ein Dokument vertieft war, hob den Kopf, als hätte er ein unsichtbares Alarmsystem, das ihm signalisierte, dass jemand in sein Territorium eingedrungen war. „Entschuldigung", sagte er mit einem Lächeln, das fast gefährlich wirkte, „brauchst du etwas von meinem Schreibtisch?"

„Äh, nur den Stift", murmelte Jens und legte ihn sofort zurück, als hätte er ein heiliges Artefakt berührt. Frank nickte, nahm den Stift und legte ihn millimetergenau zurück. „Kein Problem", sagte er, „aber das nächste Mal bitte fragen."

Für Frank war sein Schreibtisch sein Reich, und er regierte es mit einer Präzision, die fast königlich anmutete. Einmal versuchte ich, ein Gespräch darüber zu beginnen, warum er alles so akribisch sortierte, in der Hoffnung, etwas von seinem System zu lernen. „Es geht nicht nur ums Sortieren", erklärte er ernst, „es geht darum, dass alles seinen Platz hat. Wenn ich arbeite, möchte ich, dass mein Schreibtisch meine Gedanken widerspiegelt - strukturiert, übersichtlich und ohne Chaos.

Klingt vernünftig, dachte ich. Bis ich eines Tages sah, wie Frank eine kleine Wasserwaage aus seiner Schublade holte, um seinen Bildschirm exakt auszurichten. Ich meine, wer macht das schon? Aber für Frank war es wichtig, und irgendwie bewunderte ich seine Hingabe. Aber das eigentliche Highlight seines Schreibtisches war nicht die Ordnung, sondern die Dekoration. Frank liebte es, seinen Arbeitsplatz zu dekorieren. Und damit waren nicht nur ein Familienfoto und eine kleine Pflanze gemeint. Oh nein.

Eines Morgens kam ich ins Büro und fand Franks Schreibtisch völlig verändert vor. Er hatte ihn über Nacht in eine Art Mini-Wald verwandelt. Überall standen kleine Plastikbäume, winzige Holzhütten und mittendrin thronte eine Miniatur-Eule auf einem Ast. Es sah aus wie eine Szene aus einem Märchenfilm, und ich konnte nicht anders, als ihn zu fragen: „Frank, was zum Teufel ist hier passiert?"

„Oh, das ist mein ‚Arbeits-Ökosystem'", erklärte er stolz. „Ich finde, ein bisschen Natur am Arbeitsplatz hilft mir, kreativer zu denken."

Klar, warum auch nicht. Während sich andere Kollegen mit einem Kaktus begnügten, holte sich Frank den ganzen Schwarzwald auf den Schreibtisch. Doch damit nicht genug. Im Laufe der Woche veränderte sich das Mini-Ökosystem. Neue Figuren tauchten auf, kleine Waldtiere, die ihren eigenen Platz zu finden schienen. Eines Tages entdeckte ich sogar eine kleine Picknickdecke aus Stoff, die Frank offensichtlich liebevoll arrangiert hatte.

„Das hilft mir, konzentriert zu bleiben", sagte er, als ich ihn darauf ansprach. „Manchmal stelle ich mir vor, dass ich mitten im Wald sitze und arbeite. Das gibt mir Energie. Ich nickte langsam und

überlegte, ob ich ihm ein paar Gartenzwerge schenken sollte, um das Bild zu vervollständigen.
Aber es gibt auch die andere Seite der Schreibtischkreativität. Jene, deren Arbeitsplatz so chaotisch ist, dass man Angst hat, etwas anzufassen, weil man nie weiß, was passieren wird. In unserem Büro hieß dieser Chaos-Magnet Simone. Simone schaffte es in weniger als einem Tag, einen leeren Schreibtisch in eine Landschaft aus Papier, Kaffeetassen und zufälligen Notizen zu verwandeln. „Ich arbeite besser, wenn alles um mich herum lebendig ist", sagte sie einmal. „Ein bisschen Chaos ist gut für die Kreativität."
„Ein bisschen Chaos" war die Untertreibung des Jahrhunderts. Es sah aus, als hätte jemand eine Schublade genommen, sie in die Luft geworfen, und alles landete dort, wo es gerade Platz fand. Aber irgendwie hat es für sie funktioniert.
Einmal wollte ich ein Dokument von ihrem Schreibtisch nehmen und wagte es, eine ihrer Kaffeetassen anzuheben. Plötzlich starrten mich ein Dutzend Post-its an, die am Boden klebten, als wollten sie sagen: „Hey, wir leben noch!" Sofort stellte ich die Tasse wieder hin und trat vorsichtig zurück, als hätte ich versehentlich ein Biotop gestört.
Am Ende des Tages verrät der Schreibtisch mehr über den Menschen, der dahinter sitzt, als man denkt. Ob strukturiertes Reich oder kreatives Chaos, jeder findet seinen eigenen Weg, den Büroalltag zu meistern. Und auch wenn ich meinen Schreibtisch nie in einen Miniaturwald verwandeln würde, kann ich verstehen, warum Frank das tut. Denn manchmal braucht man einfach ein bisschen Magie, um durch den Arbeitstag zu kommen - sei es in Form eines perfekt ausgerichteten Kugelschreibers oder einer Plastik-Eule, die über einen wacht.

Vom Schreibtisch-Königreich zum Deko-Overkill

Wer glaubt, Ordnung auf dem Schreibtisch sei das Nonplusultra, hat die wahre Kunst des Büros noch nicht gesehen: die Dekoration. Denn während sich die einen mit dezenten Pflanzen und einem

Familienfoto begnügen, gibt es Kollegen, die ihren Arbeitsplatz in eine Art Mini-Themenpark verwandeln.
Die Grenzen zwischen kreativer Inspiration und optischem Overkill sind fließend. Plötzlich sitzt man in einem Großraumbüro und fühlt sich in eine bunte Parallelwelt gezogen, in der Einhörner, Lavalampen und Gartenzwerge eine seltsame Koexistenz führen. Mach dich bereit für die nächste Geschichte, in der Dekoration zum Erlebnis wird - und manchmal auch zum Albtraum.

Kreative Dekoration oder Desaster?

Mit der Dekoration am Arbeitsplatz ist das so eine Sache. Die einen hängen sich ein schönes Bild an die Wand, stellen ein Blümchen ins Regal und gut ist. Aber es gibt auch Kollegen, die machen keine halben Sachen. Für sie ist der Schreibtisch mehr als ein Arbeitsplatz - er ist eine Bühne, und sie sind die Regisseure ihrer eigenen kleinen Show, in der es glitzert, blinkt und gerne auch mal duftet. Und manchmal explodiert.

Ich erinnere mich an das erste Mal, als ich merkte, dass Ulrike ernsthafte Ambitionen hatte, Deko-Queen zu werden. Es war Montagmorgen, ich war müde, mein Kaffee war heiß, und eigentlich wollte ich mich nur unauffällig an meinem Platz vorbeischleichen und so tun, als wäre ich nicht da. Doch dann sah ich es: Ulrikes Schreibtisch hatte sich über das Wochenende verändert. Es war nicht mehr der unauffällige Arbeitsplatz, den man so beiläufig betrachtete. Es war... ein Spektakel.

Überall kleine LED-Lichterketten, die fröhlich blinkten wie ein Karussell auf dem Jahrmarkt. In der Mitte thronte ein schneeweißer Keramik-Buddha, der aussah, als hätte er gerade einen Auftrag von einem Yoga-Influencer angenommen. Und rechts daneben stand - warum auch immer - ein kleines Aquarium mit einem einzigen Plastikfisch darin. Ein Plastikfisch! Er blubberte leise vor sich hin und bewegte sich im Kreis, als würde er sich selbst hypnotisieren.

Ich blieb stehen und starrte ihn an. Manchmal weiß man nicht, ob man etwas bewundern oder fürchten soll. Und das war so ein Moment. „Na, was sagst du?" fragte Ulrike, die gerade hinter mir auftauchte und mich fast aus den Schuhen haute. „Schön, oder?"

„Ähm... ja", antwortete ich zögernd, denn ehrlich gesagt war ich etwas sprachlos. „Was ist das... Konzept?"

„Oh, das ist mein persönlicher Wohlfühlort", erklärte sie fröhlich und streichelte den Kopf eines Miniaturhundes, der ebenfalls

irgendwo in der Ecke stand. „Ich finde, der Arbeitsplatz sollte inspirierend sein." Und da war es, das Zauberwort: inspirierend. Ich glaube, es ist das einzige Wort, das man benutzen kann, um ein Durcheinander zu beschreiben, ohne dass es nach Chaos klingt.
Aber das war erst der Anfang. Denn Ulrike war nicht allein. Kaum hatte sie mit der Dekoration begonnen, schienen auch bei anderen Kollegen die kreativen Geister erwacht zu sein. Plötzlich hatte jeder seinen eigenen „Wohlfühlplatz". Sandra (die mit den langen Pausen) brachte eines Tages eine Lavalampe mit, die auf ihrem Schreibtisch in psychedelischen Farben leuchtete, und ich schwöre, wenn man zu lange hinsah, konnte man die nächste Viertelstunde nicht mehr geradeaus gehen. „Das beruhigt mich", sagte sie. „Das hilft mir, klarer zu denken."
Ja, genau. Nichts ist besser für klare Gedanken als eine Lavalampe, die aussieht, als hätte jemand einen Regenbogen in einen Mixer gesteckt. Und dann war da noch Markus, der aus allem ein Projekt machen muss. „Ich gestalte eine Miniaturlandschaft auf meinem Schreibtisch", verkündete er eines Tages stolz, während er Plastikbäumchen in winzige Töpfe pflanzte und eine Miniatureisenbahn um seinen Bildschirm baute. „Das erinnert mich an meine Kindheit."
Ja, es erinnert mich an Modelleisenbahnausstellungen, bei denen ich als Kind immer dachte, die Leute hätten zu viel Zeit und zu wenig Freunde. Aber ich nickte nur und fragte mich, wie lange es wohl dauern würde, bis jemand einen kleinen Lautsprecher für Bahnhofsdurchsagen installieren würde. Und genau das geschah. „Der Zug aus dem Papierstapel hat fünf Minuten Verspätung", piepste es eines Morgens und ich musste lachen.
Aber der absolute Höhepunkt kam, als Ulrike zu Weihnachten beschloss, ihre Dekoration auf die nächste Stufe zu heben. Sie brachte eine batteriebetriebene Schneekugel mit, die regelmäßig kleine Styroporkügelchen durch die Luft wirbelte und leise „Jingle Bells" spielte. Das Ding hatte Bewegungssensoren, so dass es jedes Mal losging, wenn jemand an ihrem Schreibtisch vorbeiging. Ich weiß

nicht, ob du schon einmal versucht hast, eine wichtige E-Mail zu schreiben, während im Hintergrund zehnmal hintereinander „Jingle Bells" spielt, aber ich sage dir: Das ist der sichere Weg in den Wahnsinn.
Am nächsten Tag kam der unvermeidliche Moment, als der Chef durch die Reihen ging und bei Ulrike stehen blieb. „Was ist das hier?", fragte er und zeigte auf die ganze Szenerie, als hätte er gerade eine Ausstellung exzentrischer Künstler entdeckt. „Mein Wohlfühlplatz", sagte Ulrike stolz. „Es ist ... inspirierend."
„Das sehe ich", meinte der Chef trocken und schob vorsichtig eine der blinkenden Lichterketten beiseite, die ihm in die Quere gekommen war. „Aber vielleicht ein bisschen ... zu inspirierend."
Ende des Jahres gab es eine neue Regel im Büro. Keine batteriebetriebenen Geräte am Arbeitsplatz. Keine Plastiktiere, die Krach machen. Und vor allem keine Schneekugeln, die bei jeder Bewegung Weihnachtslieder spielen. „Das ist für das allgemeine Wohlbefinden", erklärt der Chef. „Und für meinen Seelenfrieden."
Seitdem ist es etwas ruhiger geworden in der Deko-Welt. Ulrike hat sich schweren Herzens von ihrem „Mini-Wald" getrennt, aber der Plastikfisch blubbert immer noch leise vor sich hin. Und jedes Mal, wenn ich an ihrem Schreibtisch vorbeigehe, nicke ich ihm zu, als wollte ich sagen: „Wir haben viel durchgemacht, du und ich". Denn in einer Welt, in der jeder seinen eigenen Wohlfühlort schaffen will, muss man manchmal einfach akzeptieren, dass der Wahnsinn Teil des Charmes ist.

Vom Deko-Wahnsinn zur Teamarbeit (oder dem Versuch einer solchen)

Nach dem ganzen Deko-Chaos denkt man vielleicht, dass man das Schlimmste hinter sich hat. Doch dann kommt das nächste Kapitel des Büroalltags, das dir zeigt, was echte Herausforderung bedeutet: Teamarbeit. Auf den ersten Blick klingt es wie ein Traum – gemeinsam Projekte stemmen, Aufgaben verteilen, ein Ziel erreichen.

In der Realität ist es aber eher ein Ping-Pong-Spiel der Zuständigkeiten, bei dem jeder versucht, den Ball so lange wie möglich in die andere Richtung zu spielen. Willkommen in der Welt der Zusammenarbeit, in der niemand so recht weiß, was er eigentlich tut, aber alle sehr beschäftigt aussehen.

„Hast du das schon gemacht?“ - Das ewige Pingpong-Spiel der Zuständigkeiten

Es gibt ein Phänomen in jedem Büro, das ich gerne „Zuständigkeitspingpong“ nenne. Es beginnt harmlos, meist mit einer einfachen Frage: „Hast du das schon mal gemacht?“ Eine Frage, die dich plötzlich in eine Art Zwickmühle bringt. Denn natürlich hast du es nicht gemacht, sonst würde der Kollege dich nicht fragen. Aber du willst auch nicht derjenige sein, der sich jetzt freiwillig meldet. Was machst du also? Du spielst den Ball zurück.
Einer, der dieses Spiel zur Perfektion gebracht hat, ist Sebastian.
Sebastian wirkt immer beschäftigt. Er läuft durchs Büro, hat immer ein Notizbuch in der Hand und guckt so ernst, als würde er gerade die Weltwirtschaft retten. Aber sobald es um konkrete Aufgaben geht, wird er plötzlich sehr, sehr kreativ, wenn es darum geht, Gründe zu finden, warum er sie nicht erledigen kann.
Einmal waren wir mitten in der Planung für eine Veranstaltung, und es gab eine Menge Kleinigkeiten zu klären. Flyer drucken, Raum buchen, Technik organisieren - der übliche Wahnsinn. Wir saßen also im Besprechungsraum und unser Chef schaute sich um. „Kann sich jemand um die Technik kümmern?“, fragte er. Eine einfache Frage, die im Raum schwebte wie ein ungebetener Gast auf einer Party.
Sebastian, der neben mir saß, nickte sofort. „Ja klar, kein Problem“. Doch bevor ich aufatmen konnte, fügte er hinzu: „Aber ich bin gerade mit einem anderen Projekt voll ausgelastet. Vielleicht kann das jemand anders machen?“
In diesem Moment wurde mir klar: Sebastian hat so eine Art Tarnkappe. Er bietet sich immer an, wirkt total kooperativ, aber am Ende zieht er sich elegant aus der Affäre. Und keiner merkt es. So war der Ball wieder im Spiel und jemand anderes musste ihn auffangen.
„Ich könnte das machen,“ sagte ich zaghaft, „aber ich brauche jemanden, der mir mit der Technikliste hilft.“

„Kein Problem", grinste Sebastian, „schick mir die Liste, ich schaue sie mir an." Und so ging es hin und her, bis wir alle das Gefühl hatten, etwas geschafft zu haben - ohne dass wirklich jemand etwas gemacht hatte. Es war wie ein Zaubertrick. Man sieht die Hände, man sieht die Bewegung, aber am Ende gibt es kein Ergebnis.
Einmal, bei einem anderen Projekt, rief mich Sebastian an. „Hey, hast du die E-Mail für das Meeting schon verschickt?"
„Welche E-Mail?" fragte ich, obwohl ich das Gefühl hatte, die Antwort schon zu kennen.
„Na, die Einladung. Ich dachte, du machst das", sagte er in einem unschuldigen Ton, der mich kurz zweifeln ließ, ob ich nicht doch irgendwie zugesagt und es nur vergessen hatte.
„Ich dachte, du machst das", antwortete ich und spürte, wie das Pingpong-Spiel wieder begann.
„Oh nein, nein", lachte er, „das hatte ich nicht vor. Aber du kannst es doch, oder?"
Es war fast bewundernswert, wie geschickt er die Verantwortung weitergab, ohne dass es wie eine direkte Ablehnung wirkte. Am Ende habe ich die E-Mail geschrieben, weil es sonst keiner machen wollte, und Sebastian hat mir am nächsten Tag eine kurze Nachricht geschickt: „Danke, dass du das gemacht hast. Hättest es nicht besser machen können!" Ja, danke. Ein Lob, das sich anfühlte wie ein Staubkorn in der Sahara.
Es gibt aber auch eine andere Version des Ping-Pong-Spiels, bei dem man sich gegenseitig die Aufgaben zuschiebt, bis beide Seiten völlig erschöpft sind. Das beste Beispiel war, als ich mit Markus (ja, der mit der Modelleisenbahn) an einer Präsentation arbeiten sollte.
„Wer macht die Einführung?", fragte ich.
„Das machst du", sagte Markus. „Du kannst doch gutschreiben."
„Aber du hast doch die Inhalte", antwortete ich. „Vielleicht kannst du sie besser zusammenfassen."
„Stimmt," sagte er, „aber ich glaube, du hast da mehr Talent."
So ging das eine gute halbe Stunde. Wir lobten uns gegenseitig,

jeder wollte dem anderen die Aufgabe schmackhaft machen, aber am Ende hatte keiner auch nur ein Wort geschrieben. Irgendwann beschlossen wir, die Einleitung „gemeinsam“ zu machen. Übersetzt hieß das, dass ich anfing zu schreiben und Markus mich mit einem wohlwollenden Nicken unterstützte.

Das ist die Realität der Teamarbeit. Jeder will mitmachen, aber keiner will wirklich verantwortlich sein. Manchmal habe ich das Gefühl, dass wir alle Meister im Vernetzen, Koordinieren und Kommunizieren sind - solange es nicht darum geht, wirklich etwas zu tun. Wir schieben die Aufgaben hin und her wie eine heiße Kartoffel und klopfen uns gegenseitig auf die Schulter, weil wir so gut zusammenarbeiten.

Am Ende des Tages schaut man auf die Liste der Dinge, die man erledigen wollte, und stellt fest, dass man vor allem eines getan hat: geredet. Und trotzdem hat man das Gefühl, etwas erreicht zu haben. Vielleicht liegt das daran, dass Teamarbeit in Wirklichkeit nicht bedeutet, dass jeder seinen Teil tut, sondern dass jeder elegant dafür sorgt, dass am Ende jemand anders die Arbeit macht.

So funktioniert das Büro. Es ist wie ein großes Ping-Pong-Spiel, bei dem niemand wirklich gewinnen will, aber jeder dafür sorgt, dass er nicht der Letzte ist, der den Ball bekommt. Und das Beste daran? Am Ende klopfen wir uns gegenseitig auf die Schulter und sagen: "Gut gemacht! Denn das ist die wahre Kunst der Teamarbeit: gemeinsam nichts zu erreichen und sich trotzdem gut zu fühlen.

Vom Kompetenz-Ping-Pong zum endlosen Brainstorming

Wenn du das Ping-Pong der Zuständigkeiten überlebt hast, freust du dich vielleicht schon auf die nächste Teamsitzung, weil du denkst, jetzt wird es konkret. Aber falsch gedacht! Denn das nächste Kapitel widmet sich einer besonders schönen Art der Zeitverschwendung: dem kreativen Brainstorming.

Es klingt immer so vielversprechend: Alle sitzen zusammen, werfen Ideen in den Raum und am Ende soll eine geniale Lösung herauskommen. Doch in der Realität hat man am Ende meist einen bunten

Haufen wild verstreuter Ideen, von denen keiner weiß, was er damit anfangen soll. Willkommen beim Brainstorming, einem Ideengewitter, das zwar laut, aber selten hilfreich ist.

„Das kreative Brainstorming - viele Ideen, keine Lösung".

Es gibt diesen Moment, da sitzt du im Büro und plötzlich schlägt jemand vor: „Lass uns doch einfach mal alle Ideen sammeln, da ist doch nichts falsch dran". Und dann weißt du: Willkommen beim Brainstorming. Es ist der Meeting-Klassiker, bei dem jeder kreativ sein soll, aber keiner genau weiß, wofür. Ein bisschen wie Karaoke - man lässt sich mitreißen, singt laut mit, aber keiner erinnert sich hinterher an den Text.

Das Beste an Brainstorming ist, wie es anfängt. Die Energie ist da, die Leute sind motiviert und der Whiteboard-Stift wird feierlich aus der Schublade geholt. „Okay, Leute, lasst uns wild denken", sagt jemand mit leuchtenden Augen, als hätte er gerade das Geheimnis der Unsterblichkeit entdeckt. „Es gibt keine falschen Antworten." Und ich denke nur: „Doch, die gibt es. Jede Menge."

Das Schöne an solchen Kreativsitzungen ist, dass es immer zwei Arten von Leuten gibt: die, die wild alles Mögliche in den Raum werfen, und die, die stumm daneben sitzen und hoffen, dass der Kelch an ihnen vorübergeht. Ich gehöre eindeutig zur zweiten Kategorie. Ich meine, klar, Ideen sind wichtig, aber wenn ich jemanden höre, der sagt „Denkt groß", dann schaltet mein Gehirn sofort in den Standby-Modus.

Einmal hatten wir so ein Meeting, weil unser Chef meinte, wir müssten frischen Wind in die Marketingstrategie bringen. „Denken wir mal ganz frei", sagte er. „Was könnten wir tun, was absolut niemand erwartet?" Ich setzte mich tiefer in meinen Stuhl und dachte: "Wie wäre es, wenn wir einfach gar nichts machen? Das erwartet bestimmt auch niemand." Aber ich schwieg.

Dann fing Sebastian an - ja, der Tischtennismeister. „Wie wär's, wenn wir einen Flashmob machen?", sagte er plötzlich. „Mitten in der Stadt. Alle tanzen unseren Firmenslogan." Die Idee kam so unerwartet, dass ich fast meinen Kaffee verschüttet hätte. Ich sah ihn

an, um zu sehen, ob er es ernst meinte. Aber sein Gesicht war ausdruckslos, wie das eines Pokerspielers.
„Okay", sagte unser Chef und schrieb „Flashmob" an die Tafel. „Was noch?"
Und das war der Startschuss. Plötzlich prasselten die Ideen auf uns ein, wie bei einem besonders schlechten Hagelschauer. „Wie wär's mit einem Flugzeugbanner?", rief jemand aus der hinteren Ecke. „Oder wir lassen einen Heißluftballon in unseren Firmenfarben steigen!" Alle nickten begeistert, und ich fragte mich, ob das eine Werbestrategie oder ein Vorschlag für ein Volksfest war.
Ich merkte, dass ich etwas beitragen musste, also sagte ich vorsichtig: „Vielleicht könnten wir einfach ... eine gute Social-Media-Kampagne machen?" Die Reaktion war ungefähr so, als hätte ich gesagt: „Lasst uns einen Gartenzwerg anmalen". Niemand war beeindruckt. „Ja, das ist ganz nett", sagte der Chef, „aber ich will wirklich etwas Außergewöhnliches!"
„Wie wäre es, wenn wir unsere eigene Reality-Show drehen?", warf Sandra plötzlich ein. „Über unseren Arbeitsalltag. Das ist total authentisch!" Ich sah, wie die anderen sich vorstellten, wie wir alle in Meetings sitzend gefilmt würden, und bekam eine Gänsehaut. Authentisch, ja. Interessant? Eher nicht. „Und was genau wäre das Thema?", fragte ich vorsichtig.
„Einfach alles", sagte Sandra begeistert. „Wie wir arbeiten, wie wir brainstormen, wie wir unseren Kaffee trinken... Die Leute lieben das!" Ich wollte sagen, dass ich noch nie jemanden gesehen habe, der vor Aufregung fast platzt, weil er sehen will, wie ein Büroangestellter seine Kaffeetasse hält, aber ich schwieg lieber.
Nach einer Stunde sah das Whiteboard aus, als hätte jemand ein Durcheinander von verrückten Geschäftsideen, halben Witzen und purer Verzweiflung notiert. „Flashmob" stand immer noch da, gefolgt von „Luftballon", „Reality-Show" und „Kuchenstand an der Raststätte". Niemand wusste mehr, was ernst gemeint war und was nicht.

„Ich glaube, wir haben viele gute Ansätze“, sagte schließlich der Chef, dem offensichtlich klar war, dass er das Ganze irgendwie zu Ende bringen musste. „Jetzt müssen wir nur noch herausfinden, was davon umsetzbar ist.“
Und da war er wieder, der Moment der Stille, in dem alle wussten: Nichts davon ist umsetzbar. Am Ende blieb es bei der guten alten Social-Media-Kampagne, was niemanden überraschte. Aber das Schöne an Brainstormings ist ja, dass man sich am Ende zumindest einig ist, dass man „einen kreativen Prozess durchlaufen hat“.
Niemand weiß, was das bedeutet, aber es klingt gut.
Seitdem weiß ich: Brainstorming ist weniger dazu da, um echte Lösungen zu finden, als um den Eindruck zu erwecken, man sei offen für Neues. Es ist ein bisschen wie beim Topfschlagen auf Kindergeburtstagen - alle rennen blind durch den Raum und hoffen, irgendwann zufällig auf etwas Brauchbares zu stoßen. Doch meist bleibt nur ein Haufen leerer Ideen und die leise Hoffnung, beim nächsten Mal endlich den Topf zu finden.

Vom kreativen Chaos zum endlosen Meeting

Wenn man das kreative Brainstorming überstanden hat, könnte man meinen, dass der anstrengendste Teil des Büroalltags hinter einem liegt. Aber weit gefehlt. Denn das nächste Kapitel bringt dich an die Grenzen deiner Geduld: der Besprechungsmarathon.
Nichts raubt dir so viel Energie wie ein Meeting, das einfach nie endet. Und es gibt auch keinen Satz, der so irreführend ist wie „Lass uns noch kurz etwas klären...“. - denn „kurz“ bedeutet in der Meetingwelt in etwa „wir sitzen hier, bis jemand ohnmächtig wird oder der Pizzabote kommt“. Mach dich bereit für die nächste Geschichte, in der Besprechungen zu einer echten Prüfung des menschlichen Durchhaltevermögens werden.

„Lass uns kurz etwas klären..." - Der Mythos der kurzen Besprechung

Es gibt eine Sache im Büro, die einem mehr Schauer über den Rücken jagt als eine E-Mail mit dem Betreff „Dringend": der Satz „Lass uns noch kurz was klären". Das klingt harmlos, fast freundlich, wie eine Einladung zu einem kurzen Gespräch, aber jeder, der schon einmal in einem Büro gearbeitet hat, weiß: Das ist der Anfang vom Ende.

Ich erinnere mich an ein Meeting, das unser Chef einberufen hatte, weil wir „nur schnell" ein paar letzte Details für ein Projekt durchgehen wollten. „Wir machen es kurz und knackig", sagte er, als wir uns um den Tisch versammelt hatten. „Eine halbe Stunde maximal." Jeder nickte, als hätte er gerade ein Mantra gehört, das uns alle beruhigen sollte. Eine halbe Stunde. Schön wär's.

Fünf Minuten später wusste ich, dass es ein langer Tag werden würde. Denn das Problem mit Meetings ist, dass sie wie ein Strudel funktionieren: Am Anfang sieht alles ruhig und geordnet aus, aber dann zieht es einen hinein, und plötzlich sitzt man da, während jemand über die dritte Variante eines Folienhintergrunds philosophiert, als hinge das Überleben der Menschheit davon ab.

Unser Chef, nennen wir ihn einfach Martin, begann das Meeting mit einem klaren Ziel: „Leute, wir müssen nur noch schnell die letzten Punkte abstimmen". ‚Schnell" war das Schlüsselwort, das Martin betonte, als wolle er einen Rekord im Zeitsparen aufstellen. Doch schon beim ersten Punkt passierte das Unvermeidliche: Sebastian, der Meister im Zuständigkeitspingpong, meldete sich zu Wort.

„Ich habe noch eine Frage zu Punkt 1.2", sagte er und schaute unschuldig in die Runde. „Haben wir wirklich alle Szenarien durchdacht, oder sollten wir das noch einmal überarbeiten?' Es war, als hätte er eine versteckte Sprungfeder betätigt. Martin wollte gerade zum nächsten Punkt übergehen, als sich plötzlich alles um diese eine, unscheinbare Frage drehte. Und damit begann der

Marathon.
Es gibt zwei Arten von Menschen in Meetings: Die einen, die alles effizient und schnell abhaken wollen, und die anderen, die jedes Thema bis ins kleinste Detail durchkauen, als wollten sie eine Doktorarbeit darüberschreiben. Leider saß ich in einem Raum voller Detailverliebter.
„Ich finde, wir sollten das noch einmal durchgehen", sagte Sandra (die mit den endlosen Pausen). „Vielleicht haben wir etwas übersehen?"
„Genau", stimmte Sebastian zu. „Lass uns noch mal genauer hinschauen." Martin warf mir einen kurzen Blick zu und sagte: „Hilf mir." Aber was sollte ich tun? Es war, als würden wir versuchen, ein Uhrwerk zu reparieren, und jeder bestand darauf, erst einmal jedes einzelne Zahnrad auseinanderzunehmen.
Was folgte, war eine Diskussion, die sich über mindestens drei verschiedene Zeitachsen erstreckte. „Erinnerst du dich an das Treffen im März?", fragte Sandra plötzlich. „Da haben wir doch schon darüber gesprochen." Das Problem: Niemand konnte sich an das Treffen im März erinnern. Vielleicht, weil es damals genauso aus dem Ruder gelaufen war wie jetzt. „Wir sollten noch einmal in die Protokolle schauen", schlug jemand vor, als wäre das die Lösung aller Probleme.
Ich schaute derweil auf die Uhr. Die halbe Stunde war längst vorbei und wir waren noch nicht einmal bei Punkt 1.4. angekommen. Aber Martin war fest entschlossen, die Sache zu Ende zu bringen. „Leute", sagte er, „wir müssen weiter. Lasst uns das einfach durchziehen.
Aber dann passierte das Schlimmste, was in einer Sitzung passieren kann: Der Kaffee ging aus. „Oh, wir könnten eine kurze Pause machen", schlug Sebastian vor, der die drohende Katastrophe sofort erkannt hatte. Eine kurze Pause. Das ist so, als würdest du einem Marathonläufer sagen, er könne kurz anhalten, um einen Milchshake zu trinken. Du weißt, dass er dann nie wieder in Schwung kommt.

Natürlich dauerte die „kurze“ Pause fast 20 Minuten, und als alle wieder am Tisch saßen, hatte sich die Stimmung irgendwie verändert. Die Leute waren müde, hungrig, und plötzlich ging es weniger darum, etwas zu beschließen, als darum, nicht der Erste zu sein, der aufgibt. Es war eine Geduldsprobe, und jeder wollte sie gewinnen.
„Ich denke, wir können das Thema auf die nächste Sitzung verschieben“, sagte Markus, der eigentlich nur darauf wartete, dass endlich jemand das Offensichtliche aussprach. Und da war es wieder, das Meeting-Ping-Pong. Wir haben es nicht gelöst, also schieben wir es einfach auf die nächste Sitzung und tun so, als hätten wir einen wahnsinnig produktiven Austausch gehabt.
Als wir nach zwei Stunden (!) den Raum verließen, hatte sich gefühlt nichts geändert. Martin versuchte es positiv zu sehen. „Wenigstens haben wir einige Punkte geklärt“, sagte er, als wollte er den Tag retten. Aber das Einzige, was wirklich geklärt wurde, war, dass wir alle eine Pause brauchten - und vielleicht ein Treffen, um zu besprechen, wie man die Sitzungen kürzer halten könnte.
Seitdem bin ich skeptisch, wenn jemand „nur kurz etwas klären“ will. Denn in der Welt der Sitzungen gibt es nichts Kurzes. Nur lange Diskussionen, bei denen man am Ende das Gefühl hat, mehr Zeit verbracht zu haben als bei einem Umzug. Und manchmal frage ich mich, ob wir nicht einfach ein kleines Tischtennisturnier daraus machen sollten - dann hätte das ewige Hin und Her wenigstens einen klaren Sieger.

Vom endlosen Meeting zum Update-Marathon

Wer denkt, dass eine Besprechung nicht länger dauern kann, der hat den wahren Horror des Büroalltags noch nicht erlebt: das „Update-Meeting“. Klingt harmlos, oder? Eine schnelle Runde, um zu sehen, wo alle stehen. Aber in Wirklichkeit ist es eine Endlosschleife, in der immer wieder das Gleiche besprochen wird, bis keiner mehr weiß, wo der Anfang und wo das Ende ist.

Ein Update-Meeting ist im Grunde ein Meeting, das nur existiert, um die Existenz anderer Meetings zu rechtfertigen. Es ist der Moment, in dem man merkt: Manchmal reden wir mehr darüber, dass wir reden müssen, als dass wir wirklich reden. Mach dich bereit für die nächste Geschichte, in der der Sinn des Update-Meetings für immer ein Rätsel bleiben wird.

"Wie wär's mit einem Update?" - Das Meeting über Meetings

Eine Sache funktioniert im Büro immer: Wenn niemand so recht weiß, wie er ein Projekt voranbringen soll, schlägt jemand vor, ein Update Meeting zu machen. Es ist wie der Joker im Kartenspiel des Büroalltags. „Wir brauchen ein Update", sagt jemand, und plötzlich nicken alle zustimmend, als sei das die genialste Idee seit der Erfindung der Kaffeetasse. „Mal sehen, wo wir stehen."

Ich erinnere mich an ein Update-Meeting, das wir vor ein paar Monaten hatten. Eigentlich hatten wir erst eine Woche zuvor ein großes Planungstreffen gehabt, aber das hatte anscheinend nicht ausgereicht, um alle Unklarheiten zu beseitigen. Also saßen wir wieder da, mit dem gleichen Protokoll, den gleichen offenen Punkten und - Überraschung - den gleichen Leuten, die sich im Kreis drehten.

„Lass uns eine Runde machen", sagte Martin, unser Chef, der inzwischen einen etwas gequälten Gesichtsausdruck angenommen hatte, als ahne er, dass das nicht gut ausgehen würde. „Sebastian, kannst du uns kurz ein Update geben?"

Natürlich konnte Sebastian berichten. Das konnte er immer. Nur war sein Update meistens so vage, dass man hinterher weniger wusste als vorher. „Ja, also, wir sind auf einem guten Weg", sagte er mit einem selbstbewussten Nicken. „Alles läuft."

Das Problem mit solchen Aussagen ist, dass man sie nicht wirklich hinterfragen kann. Es ist ein bisschen wie bei einem Wetterbericht, der sagt: „Es wird Wetter". Ja, schön, danke. „Kannst du das konkretisieren?", fragte Martin und klang schon ein bisschen verzweifelt. „Was genau ist gut?"

Sebastian zögerte, dann lächelte er. „Die Kommunikation."

„Aha", sagte Martin langsam. „Und worüber genau wurde kommuniziert?"

„Über die nächsten Schritte", antwortete Sebastian. Und damit schloss sich der Kreis. Kommunikation über Kommunikation. Ich sah mich um und bemerkte, dass die Hälfte der Leute im Raum versuchte, nicht einzuschlafen.
Das Update Meeting war erst zehn Minuten alt, aber es fühlte sich an, als wären wir schon seit Stunden hier. Dann war Sandra an der Reihe. „Also, ich habe mit der IT gesprochen", begann sie. „Die machen auch gerade ein Update. Es könnte sein, dass wir dafür noch ein extra Meeting brauchen."
Das war der Moment, in dem mir klar wurde: Dieses Meeting wird nie enden. Wir sitzen in einer Endlosschleife von Updates, und jedes Update führt nur dazu, dass wir ein weiteres Meeting brauchen. Es war, als würde das Büro versuchen, das Perpetuum mobile zu erfinden - eine ewige Bewegung, die nie wirklich irgendwo hinführt.
„Vielleicht sollten wir die Update-Meetings effizienter gestalten", schlug Markus vor, der es immer gut meinte, aber nicht wusste, dass er damit die Büchse der Pandora geöffnet hatte. „Wie wäre es mit einem kleinen Update vor dem großen Update, damit wir nicht zu viel Zeit verlieren?"
Es war fast bewundernswert, wie kreativ Menschen sein können, wenn es darum geht, Sitzungen zu strukturieren. Manchmal denke ich, dass wir mehr Zeit damit verbringen, über Meetings zu reden, als tatsächlich daran teilzunehmen. Aber in diesem Moment war ich kurz davor, einfach zu applaudieren und zu sagen: „Ja, teilen wir den Tag einfach in kleine Häppchen von Sitzungen auf, bis wir alle vergessen haben, warum wir eigentlich hier sind".
„Eine tolle Idee", sagte Martin schließlich, obwohl ich sehen konnte, dass auch er innerlich schon über eine kleine Fluchtmöglichkeit nachdachte. „Vielleicht sollten wir einfach eine kurze E-Mail-Runde machen, um zu sehen, was wirklich noch offen ist, bevor wir das nächste Update Meeting planen."
Aber genau das ist das Problem. Eine E-Mail-Runde führt zu weiteren Fragen, die wiederum zu einem Treffen führen, um die

E-Mail-Runde zu besprechen, und so weiter. Es ist ein ewiger Kreislauf. Wenn man nicht aktiv dagegen vorgeht, sitzt man irgendwann sieben Tage die Woche im Büro und plant eine Sitzung nach der anderen.

Am Ende der Sitzung sind wir genauso schlau wie vorher, nur ein bisschen müder. „Gut, dass wir das geklärt haben", sagte Martin und versuchte, das Positive zu sehen. „Ich werde gleich eine Einladung für das nächste Treffen verschicken."

Das war der Moment, in dem ich wirklich kurz davor war, aufzustehen und laut „Nein!" zu schreien, aber ich tat es nicht. Stattdessen beobachtete ich, wie jeder widerwillig zustimmte, als hätte man gerade einen weiteren Zahnarzttermin bekommen, den man nicht verschieben konnte.

Das Beste an Update-Meetings ist, dass sie eigentlich nichts bringen. Sie sind wie eine Mitgliedschaft im Fitnessstudio, die man nie nutzt: Es kostet viel Zeit und Energie, aber am Ende fühlt man sich nicht wirklich fitter. Man hat das Gefühl, etwas erreicht zu haben, aber eigentlich hat man sich nur ein paar Runden im Kreis gedreht.

Seitdem weiß ich: Wenn jemand „Update" sagt, geht es nicht um Fortschritt. Es geht darum, die Illusion aufrechtzuerhalten, dass wir alle auf dem gleichen Stand sind, während wir insgeheim hoffen, dass das Problem von selbst verschwindet. Und manchmal, nur manchmal, tut es das. Bis zum nächsten Update Meeting.

Vom Meeting zum Bürokratiedschungel

Nach all den Meetings, Brainstormings und kreativen Pausen kommt ein Aspekt des Büroalltags, der so unverwüstlich ist wie eine Kakerlake: die Bürokratie. Formulare, Anträge, Bescheinigungen - sie alle haben eine Art Unsterblichkeitsfaktor. Denn egal, wie oft man sie ausfüllt, es gibt immer ein weiteres Dokument, das man noch nicht kennt und das unbedingt bearbeitet werden muss.

Wer kennt das nicht: Man füllt ein Formular aus, schickt es ab und bekommt es kurze Zeit später mit der freundlichen Bitte zurück: „Füllen Sie das bitte noch einmal aus“. Willkommen in der endlosen Formularschleife, der ultimativen Geduldsprobe.

„Können Sie das bitte noch einmal ausfüllen?" - Die endlose Formularschleife

Bürokratie im Büro ist wie der Dunst über dem Kaffeesatz: Er ist immer da, auch wenn man ihn nicht will. Manchmal habe ich das Gefühl, dass der eigentliche Zweck eines Büros nicht die Arbeit ist, sondern das Ausfüllen von Formularen. Wir arbeiten nicht, um Dinge zu tun. Wir arbeiten, um sicherzustellen, dass alle Formulare ordentlich abgelegt sind.

Ich erinnere mich an eine besonders lustige Episode, als ich ein einfaches Formular ausfüllen sollte, um etwas so Banales wie Büromaterial zu bestellen. „Würden Sie bitte das Formular B17-A ausfüllen?", fragte mich die Dame von der Verwaltung. Ich wusste gar nicht, dass es ein Formular B17-A gibt. Es klang eher nach einem neuen Autobahnteilstück oder einem Flugzeugmodell, aber nicht nach etwas, das ich jemals in die Hand nehmen wollte.

„Ähm, sicher", sagte ich zögernd und nahm das Formular. Es hatte so viele Kästchen und Linien, dass ich das Gefühl hatte, jemand hätte das Sudoku für Fortgeschrittene neu erfunden. „Was genau soll ich hier ausfüllen?", fragte ich in der Hoffnung auf eine kurze Erklärung.

„Oh, das ist ganz einfach", sagte sie lächelnd. „Einfach die Bestellnummer, den Bedarf, die interne Kostenstelle, die Unterschrift des Abteilungsleiters und den Stempel der Abteilung hinzufügen. Dann geht man damit in die Einkaufsabteilung, lässt es abzeichnen und bringt es wieder zu mir zurück. Aber achten Sie darauf, dass alle Felder lesbar ausgefüllt sind. Sonst können wir das nicht bearbeiten.

Das war einer dieser Momente, in denen ich kurz überlegt habe, ob ich nicht doch lieber Astronaut werden sollte. Da gibt es vielleicht auch Formulare, aber man schwebt wenigstens durch den Weltraum. Trotzdem setzte ich mich an meinen Schreibtisch und fing an, das Formular auszufüllen.

Als ich es endlich fertig hatte, sah es aus wie ein kleines Kunstwerk. Sorgfältig hatte ich die Bestellnummer eingetragen und den Bedarf genau beschrieben. Ich ließ es unterschreiben, holte mir den Stempel und machte mich auf den Weg zur Einkaufsabteilung, wo ich hinter einem Schreibtisch auf eine Frau traf, die aussah, als hätte sie ihr ganzes Leben nichts anderes getan, als Formulare durchzusehen.
„Hier ist das Bestellformular", sagte ich und legte es stolz vor sie hin. Sie blickte kurz darauf und dann wieder zu mir, als hätte ich ihr gerade ein leeres Blatt Papier verkaufen wollen. „Es ist nicht vollständig ausgefüllt", sagte sie mit einem Ausdruck tiefen Bedauerns. „Sie haben das Kästchen für die Art des Materials nicht angekreuzt."
„Oh, das ist nur ein Kugelschreiber", sagte ich. „Ein normaler Kugelschreiber."
"Ja, Sie müssen das Kästchen für die Materialart ankreuzen", erklärte sie geduldig, als wäre es die selbstverständlichste Sache der Welt. „Sonst können wir ihn nicht bearbeiten."
Ich wollte protestieren, aber dann dachte ich an all die Stempel, Unterschriften und Gegenzeichen, die ich schon gesammelt hatte. Also lächelte ich schwach und nahm das Formular wieder mit. Zurück an meinem Schreibtisch füllte ich das kleine Kästchen „Materialart" aus, als hätte ich gerade eine besonders knifflige Matheaufgabe gelöst, und brachte das Formular zurück zur Beschaffungsabteilung.
„Perfekt", sagte sie und lächelte zum ersten Mal. „Oh, und könnten Sie es bitte noch einmal gegenzeichnen lassen? Das Datum fehlt noch.
„Das Datum?" fragte ich. „Aber das ist doch ..."
„Ohne Datum geht es leider nicht", sagte sie entschuldigend und schob mir das Formular wieder zu, als wäre es eine besonders heiße Kartoffel.
Nach einer gefühlten Weltreise durch das Büro, unzähligen Stempeln, Unterschriften und einem von mir liebevoll ausgefüllten Dateifeld wurde das Formular endlich angenommen. Ich fühlte

mich, als hätte ich ein wildes Tier gezähmt. Ein wildes, sehr bürokratisches Tier. Doch die eigentliche Herausforderung kam ein paar Tage später, als ich wieder einmal Büromaterial bestellen musste.
„Oh, Sie müssen wieder das Formular B17-A ausfüllen", sagte dieselbe Frau aus der Verwaltung.
„Können wir nicht einfach das vom letzten Mal kopieren?" fragte ich, als wäre ich der erste, der auf diese geniale Idee gekommen wäre.
Sie sah mich an, als hätte ich gerade vorgeschlagen, die ganze Bürokratie abzuschaffen. „Nein, das geht leider nicht", sagte sie ernst. „Es muss jedes Mal ein neues Formular sein. Sonst verliert man den Überblick."
„Die Übersicht verlieren", wiederholte ich langsam und dachte an die vielen Kästchen und Felder, die ich ausfüllen musste. Ich wollte noch etwas sagen, aber dann fiel mir ein, dass ich das nächste Formular sowieso wieder ausfüllen müsste, bis in alle Ewigkeit.
Am Ende des Tages habe ich gelernt: Es gibt Kästchen, die man ausfüllen muss, und es gibt Kästchen, die nur da sind, um deine Geduld zu testen. Und ich wette, irgendwo sitzt ein Bürokrat und lacht, wenn er sieht, wie wir alle brav unsere Kästchen ankreuzen, als hätten wir nie etwas anderes gelernt. Denn in der Welt der Bürokratie gilt: Ein ausgefülltes Formular ist gut, aber ein korrektes Formular ist besser. Und ein korrektes Formular mit allen Unterschriften und Stempeln ist die Krönung der Büroarbeit - bis es jemand zurückschickt mit der Bitte: „Können Sie das bitte noch einmal ausfüllen?"

Vom Papierchaos zur ewigen Jagd nach Unterschriften

Wer glaubt, das Ausfüllen eines Formulars sei die größte Herausforderung, der kennt die ultimative Geduldsprobe noch nicht: das Einholen von Unterschriften. Es ist, als ob das Dokument eine Pilgerreise durch das ganze Büro antreten muss, bevor es seine heilige Bestätigung erhält. Kein Ort bleibt unbesucht, keine Tür unberührt. Mach dich bereit für das nächste Kapitel, in dem ein einfaches Dokument zu einer wahren Odyssee wird.

„Ich brauche noch eine Unterschrift" - Der Weg des Dokuments durch die Institution

Mit Unterschriften ist das so eine Sache: Man braucht sie immer von Leuten, die entweder gerade in einer Besprechung, auf Dienstreise oder einfach nie an ihrem Platz sind. Man könnte meinen, die machen das mit Absicht. Es fängt ganz harmlos an: „Kannst du das mal kurz unterschreiben?" Aber „kurz" bedeutet hier, dass man das Stück Papier wie einen Staffelstab durch das ganze Gebäude trägt.

Eines Tages bekam ich einen Antrag auf den Tisch, den ich nur noch gegenzeichnen musste. „Bring das bitte dem Abteilungsleiter zur Unterschrift" sagte man mir so beiläufig, als wäre das so etwas wie „Geh mal kurz Milch holen". Natürlich dachte ich mir nichts dabei und nahm das Formular mit, voller Optimismus, dass ich das in ein paar Minuten erledigt haben würde.

Ich stellte fest, dass unser Abteilungsleiter nicht an seinem Platz war. Kein Problem, dachte ich. „Er ist nur kurz in der IT-Abteilung", sagte mir seine Sekretärin und ich machte mich auf den Weg. Dort angekommen, sah ich ihn... nicht. „Ach, er ist nur kurz ins Lager gegangen, um etwas nachzuschauen", sagte mir ein Kollege.

Natürlich. Ich folgte der Spur ins Lager, wo man mir sagte, dass er gerade noch da gewesen sei, aber ich beschloss, eine spontane Kaffeepause einzulegen. „Vielleicht findest du ihn in der Küche". Also machte ich mich auf den Weg, das Formular wie eine Schatzkarte fest in der Hand.

Nach einer halben Stunde hatte ich das Gefühl, einen kleinen Marathon gelaufen zu sein. Im Büro herumzulaufen war offensichtlich gesünder, als ich gedacht hatte. Und endlich fand ich ihn - wie versprochen in der Küche. „Hey, ich brauche nur kurz deine Unterschrift", sagte ich mit einem verzweifelten Lächeln.

„Klar," sagte er, nahm das Formular, zückte seinen Stift - und hielt dann inne. „Moment, das ist nicht mein Bereich. Das muss erst der

Abteilungsleiter unterschreiben. Bring es zu ihm und dann wieder hierher." Ich weiß nicht, was meine Augen in diesem Moment signalisierten, aber ich vermute, es war irgendetwas zwischen Panik und Resignation.

Am Ende hatte ich den ganzen Tag damit verbracht, dieses eine Papier durch das Büro zu tragen, wie eine heilige Reliquie, die keinen Platz zum Verweilen finden konnte. Jedes Mal, wenn ich dachte, ich hätte es geschafft, kam ein neues „Ach, das muss noch jemand unterschreiben". Es war, als hätte das Dokument einen geheimen Plan, jeden Raum des Gebäudes zu besuchen, bevor es bereit war, bearbeitet zu werden.

Als ich am Ende des Tages an meinen Schreibtisch zurückkehrte, hatte ich ungefähr so viele Schritte auf meinem Fitnesstracker wie nach einem Wanderurlaub. Und das Dokument? Lag immer noch unvollständig auf meinem Schreibtisch, als wäre nichts passiert. „Kannst du es morgen noch einmal versuchen?", fragte der Kollege, der es mir ursprünglich gegeben hatte, mit einem unschuldigen Lächeln.

In solchen Momenten frage ich mich, ob Büroarbeit nicht einfach eine moderne Variante des Sisyphos-Mythos ist. Wir rollen unsere Papiere den Berg hinauf, und am nächsten Tag rollen sie wieder hinunter. Aber eines ist sicher: Mittlerweile kenne ich jede Abteilung im Büro wie meine Westentasche. Und manchmal, wenn ich ein Formular in die Hand nehme, habe ich das Gefühl, es lächelt mich an und sagt: Mal sehen, wie weit du diesmal kommst.

Vom Papierchaos zur vergessenen To-Do-Liste

Nachdem man sich durch den Papierkrieg gekämpft und vielleicht ein paar Formulare erfolgreich ausgefüllt hat, glaubt man, das Schlimmste hinter sich zu haben. Aber das Büro hält noch eine ganz besondere Herausforderung für dich bereit: die To-Do-Liste.

Ja, die Liste, die dir helfen soll, den Überblick zu behalten und produktiv zu sein. Doch in der Realität ist sie eher eine Art Parallel-universum: Dinge tauchen auf und verschwinden plötzlich wieder, und am Ende des Tages fragst du dich, warum du eigentlich nichts geschafft hast. Willkommen in der Welt des ewigen Aufschiebens, in der das Mantra lautet: "Das mache ich morgen.

Die vergessene To-Do-Liste - Dinge, die immer wieder unter den Tisch fallen

„Das mache ich morgen..." - Der ewige Aufschub

Es gibt eine Sache, die fast alle im Büro verbindet: die To-Do-Liste. Ob digital, auf Papier oder in Form von kleinen gelben Post-its, die überall kleben - sie ist da, um uns daran zu erinnern, was wir noch alles erledigen müssen. Und doch gibt es diesen seltsamen Moment, in dem die To-do-Liste plötzlich immer länger wird, je mehr man daran arbeitet. Es ist, als würde sie sich unbemerkt vermehren.

Ich erinnere mich an einen Tag, an dem ich voller Tatendrang ins Büro kam, mit dem festen Vorsatz, endlich einige dieser unerledigten Aufgaben abzuhaken. Ich hatte meine Liste sorgfältig vorbereitet, jede Aufgabe war nummeriert, es gab Prioritäten und sogar kleine Sterne neben den besonders wichtigen Punkten. „Heute wird es produktiv", dachte ich und fühlte mich für einen Moment wie ein Superheld, der die Welt retten wird - oder zumindest die Bürowelt.

„Okay, Punkt eins", sagte ich zu mir selbst, „schreibe die E-Mail an den Kunden fertig". Einfach genug. Ich öffnete mein Mailprogramm und da war sie: eine neue Mail von Sebastian (ja, der Meister im Zuständigkeitspingpong). "Hey, hast du schon die Präsentation für nächste Woche vorbereitet? Und plötzlich spürte ich, wie der erste Punkt auf meiner To-Do-Liste leise weinte und auf den zweiten Platz verdrängt wurde.

„Mach ich gleich", dachte ich und öffnete die Datei für die Präsentation. Doch bevor ich ein Wort schreiben konnte, klingelte das Telefon. „Kannst du mir kurz bei einem technischen Problem helfen?" fragte Markus (ja, der mit der Modelleisenbahn auf dem Schreibtisch). „Dauert nur fünf Minuten."

Fünf Minuten. Klar. Ich wusste natürlich, dass es im Büro keine fünf Minuten gibt, aber ich sagte zu, weil es ja „nur kurz" war. Als ich eine halbe Stunde später wieder an meinem Schreibtisch saß, war ich irgendwie in einem seltsamen Raum-Zeit-Kontinuum gefangen, in dem nichts mehr Sinn machte. Die To-Do-Liste hatte sich verändert, neue Punkte waren hinzugekommen, und ich war mir nicht einmal sicher, ob ich die Aufgaben wirklich selbst darauf geschrieben hatte oder ob sie einfach von irgendwoher gekommen waren.

„Das mache ich morgen", sagte ich mir und strich die obersten Punkte durch. Das ist das Schöne an einer To-Do-Liste: Sie gibt einem das Gefühl, alles unter Kontrolle zu haben, auch wenn man eigentlich nur die Liste gemacht hat.

Es gibt in jedem Büro diesen magischen Moment am Nachmittag, wenn man den Mut aufbringt, auf die Uhr zu schauen und feststellt, dass der Tag irgendwie vorbei ist und man sich fragt: „Was habe ich eigentlich gemacht?" Die Antwort: Man hat Aufgaben von der Liste gestrichen, verschoben oder durch neue ersetzt.

Das Highlight meiner To-Do-Liste war ein Punkt, der seit Wochen ganz unten stand: „Ordner aufräumen". Es war das bürokratische Äquivalent zu „Keller aufräumen" - niemand will es tun, aber irgendwann muss es getan werden. Jeden Tag schaute ich auf diesen Punkt und dachte: „Morgen". Und jeden Tag schaute er zurück und lachte mich aus, als wüsste er, dass „morgen" eigentlich nie kommt. Aber dann kam der Tag, an dem ich beschloss: Heute räume ich den Ordner auf. Ich setzte mich hin, öffnete den Deckel und begann, die Papiere zu sortieren. Fünf Minuten später schaute ich auf die Uhr und sah, dass es schon fast Zeit war, nach Hause zu gehen. „Schade", dachte ich. "Das mache ich morgen.

Als ich am nächsten Tag ins Büro kam, lag der Ordner natürlich immer noch da, und ich hatte irgendwie gehofft, dass er sich über Nacht von selbst aufräumen würde. Aber das passiert nie. Genauso wenig wie die anderen Aufgaben auf der Liste plötzlich wie von Geisterhand erledigt werden. Die To-Do-Liste ist ein ständiger

Begleiter, der einem zeigt, dass man zwar viel vorhat, aber auch ein Meister im Verdrängen ist.
Am Ende des Tages habe ich gelernt, dass eine To-Do-Liste nicht wirklich dazu da ist, abgehakt zu werden. Sie ist eher eine Art Gedächtnisstütze, die dich daran erinnert, dass du theoretisch produktiv sein könntest, wenn dir nicht ständig jemand in die Quere käme. Und wenn du das nächste Mal denkst: „Das mache ich morgen", dann denk daran: Morgen ist der perfekte Tag, um alles aufzuschieben, was heute nicht geklappt hat.

Die Kunst, den Büroalltag zu überleben (und nicht den Verstand zu verlieren)

HErzlichen Glückwunsch, du hast es geschafft - dieses Buch zu lesen, den Büroalltag zu erleben, das tägliche Chaos aus E-Mails, Meetings und endlosen To-do-Listen zu überleben. Was wir gemeinsam erlebt haben, ist eine wilde Reise durch die kleinen und großen Abenteuer des Arbeitslebens: von kreativen Schreibtischdekorationen bis hin zu marathonartigen Update-Meetings, die aus „nur kurz etwas klären" epische Diskussionen machten. Wir haben gelacht, die Augen verdreht und uns immer wieder gefragt, wie aus einer einfachen Aufgabe eine Mission Impossible werden konnte. Und doch haben wir überlebt - das ist die wahre Kunst des Bürolebens.

Die kunstvollen Kaffeetassen auf den Seiten dieses Buches sind stille Zeugen all dieser Momente. Jede Tasse steht für eine kleine Geschichte, für die kurze Verschnaufpause zwischen dem nächsten „dringenden" Meeting und der endlosen To-Do-Liste. Sie sind Symbole für die vielen kleinen Rituale, die uns im Büroalltag verbinden und irgendwie zusammenhalten. Vom morgendlichen Kaffeeklau über die „Ich bin gleich wieder da"-Tasse bis hin zur „Später"-Tasse des ewigen Aufschiebers - sie zeigen uns, dass es nicht nur um die Arbeit geht, sondern auch um die kleinen Inseln der Ruhe, die wir uns schaffen.

Wer das Buch bis hierher gelesen hat, hat schon viele dieser Szenen erlebt - die kreativen Deko-Talente, die lieber basteln, als ihre E-Mails zu lesen, die Meeting-Profis, die jede Besprechung wie einen Marathonlauf angehen, und die ewigen Aufschieber, deren Lieblingssatz „Lass uns das später klären" so oft fällt, dass man sich fast schon daran gewöhnt hat. Und dann gibt es noch die „To-Do-Königinnen und -Könige", die sich todesmutig jeder neuen Aufgabe stellen - nur um am Ende des Tages festzustellen, dass die Liste auf mysteriöse Weise noch länger geworden ist.

Vielleicht ist die größte Lehre, die wir aus all diesen Geschichten ziehen können, dass der Büroalltag nicht immer Sinn machen muss. Manchmal geht es nicht darum, die perfekte Präsentation abzuliefern oder jede Aufgabe auf Anhieb zu erledigen. Die wahre Kunst besteht darin, sich im Chaos zurechtzufinden, die Macken und Eigenheiten des Alltags mit einem Augenzwinkern zu akzeptieren und am Ende des Tages zu sagen: „Ich hab's überlebt - und es war gar nicht so schlimm". Es bedeutet auch, die absurden, manchmal ärgerlichen Momente zu schätzen, die uns dazu bringen, unsere Kolleginnen und Kollegen mit einem wissenden Lächeln anzuschauen und zu denken: „Ja, ich verstehe genau, was du durchmachst".
Und dann gibt es die ganz besonderen Momente, die sich in den kleinen Kaffeepausen verbergen - das kurze Durchatmen, das Lachen mit einem Kollegen, das Gefühl, im selben Boot zu sitzen. Ein Boot, das vielleicht etwas wackelig ist und manchmal in die falsche Richtung fährt, aber es fährt gemeinsam. Die Kaffeetassen in diesem Buch sind stumme Zeugen dieser Momente, die so wertvoll sind, weil sie uns daran erinnern, dass wir alle irgendwie im selben Boot sitzen.
Ob du nun der To-Do-Listen-König bist, der immer alles bis ins kleinste Detail organisiert, oder einfach nur jemand, der sich durch die nächste Sitzung schleppt - das Wichtigste ist, dass du nicht allein bist. Wir alle haben unsere Momente des Wahnsinns, der stillen Triumphe und der kleinen, aber wichtigen Siege. Vielleicht ist der größte Erfolg im Büro nicht das perfekte Projekt, sondern die Erkenntnis, dass wir alle ein bisschen verrückt sind und dass das völlig in Ordnung ist.
Wenn du also das nächste Mal in einem besonders langen Meeting das Gefühl hast, die Zeit würde stillstehen, oder wenn du eine E-Mail mit dem Betreff „Dringend" erhältst, die dir den Atem raubt, denk daran: Du hast schon Schlimmeres überstanden. Es gibt

immer jemanden, der die gleichen seltsamen Momente durchlebt wie du, der heimlich das letzte Stück Kuchen klaut oder versucht, den Drucker zum Laufen zu bringen, als würde er ihn beschwören. Also: Schuhe aus, Füße hoch (zumindest gedanklich) und den Büroalltag genießen. Denn egal, wie verrückt es manchmal wird, du bist gut darin, es zu überleben. Und vielleicht, nur vielleicht, wird dein nächstes Büroabenteuer das beste Kapitel, das noch nicht geschrieben wurde. Denn am Ende des Tages geht es nicht nur um die Arbeit - es geht um die Menschen, mit denen du durch den Wahnsinn navigierst, und um die kleinen Momente des gemeinsamen Lächelns, die uns daran erinnern, dass irgendwie doch alles gut ist.

Der systemische Blick auf den Büroalltag - Warum wir die kleinen Macken (und die Menschen dahinter) brauchen

Wenn wir auf den Büroalltag schauen, erscheint er manchmal chaotisch, anstrengend und von unzähligen kleinen Herausforderungen geprägt. Aus systemischer Sicht ist er jedoch viel mehr als nur das Abarbeiten von Aufgaben und das Überstehen von Besprechungen. Der Büroalltag ist ein lebendiges System, in dem Menschen mit ihren Eigenheiten, Stärken und Macken zusammenkommen und etwas schaffen, das größer ist als die Summe seiner Teile.

Warum brauchen wir diese täglichen kleinen Dramen, die kleinen Herausforderungen, die Ecken und Kanten der anderen? Ganz einfach: Weil sie uns als Menschen herausfordern, uns wachsen lassen und uns daran erinnern, dass wir nicht allein sind. Jeder, der in ein Büro kommt, bringt seine eigene Geschichte mit - seine Art, Dinge anzugehen, Probleme zu lösen oder auch mal zu ignorieren. Und genau diese Vielfalt macht ein Team lebendig.

Aus systemischer Sicht ist jedes Büro ein Mikrokosmos, ein kleines Universum von Beziehungen, Interaktionen und Dynamiken. Jede Kollegin und jeder Kollege bringt eine eigene Perspektive ein, die sich wie einzelne Farben zu einem größeren Bild zusammenfügen. Manchmal ist das Bild harmonisch und ausgewogen, manchmal entstehen Kontraste, die uns herausfordern und vielleicht sogar frustrieren. Doch gerade in diesen Unterschieden liegt die wahre Stärke eines Teams. Denn was wäre ein Büro ohne den Kollegen, der immer neue Ideen hat, oder die Kollegin, die auch im größten Chaos den Überblick behält?

Wir brauchen den Kollegen, der zu jedem Meeting zu spät kommt, weil er uns daran erinnert, dass Pünktlichkeit zwar wichtig, aber nicht das Wichtigste ist. Wir brauchen die kreative Kollegin, die

ihren Schreibtisch in ein kleines Kunstwerk verwandelt hat, weil sie uns zeigt, dass Arbeit auch Freude und Individualität ausdrücken kann. Und ja, wir brauchen auch die endlosen Update-Meetings, die uns vielleicht den letzten Nerv rauben, weil sie uns die Möglichkeit geben, uns zusammenzuraufen und gemeinsam nach Lösungen zu suchen.
Es gibt eine schöne systemische Erkenntnis, die besagt, dass ein System durch seine Interaktionen lebt. Das heißt, es sind nicht die Einzelnen, die ein Büro ausmachen, sondern das Zusammenspiel aller. Ein Büro ist wie ein Tanz, bei dem jeder seine eigenen Schritte kennt, aber der Rhythmus sich ständig ändert. Und manchmal tritt man sich auf die Füße, stolpert und muss neu anfangen - aber genau darin liegt die Kunst. Denn jedes Stolpern, jeder Schritt ist Teil des Ganzen.
Vielleicht ist das der Grund, warum wir im Büro nicht nur arbeiten, sondern auch lernen - lernen, uns auf andere einzulassen, Kompromisse zu finden und uns selbst weiterzuentwickeln. Ein Team ist wie ein Netz, das immer wieder neu geknüpft wird. Und wenn sich ein Faden verheddert, finden wir gemeinsam einen Weg, ihn wieder zu entwirren. Es ist dieser Prozess der ständigen Anpassung, der das System stärkt und wachsen lässt.
Warum also all die kleinen, scheinbar sinnlosen Rituale und Routinen? Warum die E-Mails, die nie ganz klar sagen, was sie wollen, die Meetings, die nie enden, die To-do-Listen, die nie kürzer werden? Weil es genau diese Dinge sind, die uns miteinander verbinden. Sie schaffen Raum für Interaktion, für Austausch, für gemeinsames Scheitern und gemeinsames Gelingen. Sie zwingen uns, kreativ zu sein, auch wenn wir es nicht planen, und sie lassen uns manchmal über uns selbst lachen.
Ein systemischer Blick auf den Büroalltag zeigt, dass wir einander gerade in unseren Unzulänglichkeiten brauchen. Es sind die kleinen Macken der anderen, die uns herausfordern, die uns aus der Routine reißen und uns helfen, neue Wege zu finden. Vielleicht

ärgert es uns manchmal, wenn der Kollege mal wieder vergisst, die E-Mail zu beantworten, oder wenn das Update Meeting aus dem Ruder läuft. Aber eigentlich sind das alles Gelegenheiten, uns als Teil eines größeren Ganzen zu erleben.

Jeder Tag im Büro ist eine kleine Übung in Flexibilität, Toleranz und Geduld. Und genau darin liegt der Wert. Wir lernen, uns anzupassen, wenn die Dinge nicht so laufen wie geplant. Wir üben uns in Geduld, wenn uns der Papierkram den letzten Nerv raubt, und wir entdecken unsere Kreativität, wenn wir uns eine neue Strategie überlegen, um die nächste Herausforderung zu meistern. Das sind Fähigkeiten, die weit über den Büroalltag hinausgehen.

Am Ende geht es nicht darum, perfekt zu sein oder jeden Tag die maximale Produktivität zu erreichen. Es geht darum, Teil eines lebendigen, atmenden Systems zu sein, das durch die Menschen, die darin arbeiten, immer wieder neu entsteht. Ein System, das sich ständig verändert, weil es von Menschen gestaltet wird, die sich verändern, lernen und wachsen.

Vielleicht sollten wir den Büroalltag nicht als eine Aneinanderreihung von Aufgaben sehen, die erledigt werden müssen, sondern als einen Raum, in dem wir uns selbst und andere immer wieder neu entdecken. Ein Raum, in dem wir lernen, dass es in Ordnung ist, Fehler zu machen, Dinge auf die lange Bank zu schieben und manchmal auch einfach nur zu lachen, weil alles gerade so schön chaotisch ist.

Denn genau das macht uns stark. Nicht Perfektion, sondern die Fähigkeit, mit Unvollkommenheiten umzugehen und sie als Teil des Spiels zu sehen. Die systemische Sichtweise lehrt uns, dass jede kleine Unordnung, jede gescheiterte Besprechung und jede kreative Dekoration ein Ausdruck von Leben ist - von einem Leben, das sich immer wieder neu ordnet, dass in Bewegung ist und nie stillsteht.

Vielleicht ist es genau dieser Gedanke, der uns Tag für Tag ins Büro zurückkehren lässt. Wir wissen, dass wir gebraucht werden, aber wir wissen auch, dass wir die anderen brauchen. Und dieses Zusammenspiel von Geben und Nehmen, von Planen und

Improvisieren, von Stolpern und Wiederaufstehen, das ist es, was den Büroalltag ausmacht. Ein kleines, chaotisches, manchmal anstrengendes, aber immer lebendiges Zuhause.
Und am Ende des Tages können wir uns zurücklehnen, auf die To-Do-Liste schauen und schmunzeln. Denn wir wissen, dass wir morgen wiederkommen, um den Tanz fortzusetzen, mit all seinen Höhen und Tiefen und den wunderbaren kleinen Momenten dazwischen. Und das ist vielleicht das größte Geschenk, das uns der Büroalltag macht: Die Möglichkeit, Teil eines lebendigen Systems zu sein, das uns fordert, inspiriert und manchmal einfach nur zum Lachen bringt.

Printed in Poland
by Amazon Fulfillment
Poland Sp. z o.o., Wrocław

42322944R00071